卑弥弓呼と俾弥呼

山田　勝

目録

第一章

卑弥弓呼と俾弥呼

　　三国志最大の Mystery は陳寿が実名を伏せて書いている不可解な二人、卑弥弓呼（Bēimí gōng hū）【劉封】と卑弥呼【劉・卑弥呼】。他に二人名前を伏せている人がおり「有男弟【袁買】佐治國（国の治めを助ける男弟が有る）以婢千人自侍，唯有男子一人【文瓶・卑弥呼（現代語 Bēi mí hū・古代語 Bì mí hū）＆俾弥呼（Bì mí hū）】給飲食、傳辭出入。」の文章に出てきます。

　　三国志には多数の登場人物が出てきますが、姓名、字は全て記載されています。この四人の名をなぜ伏せたのでしょうか？　三国志の著者、（晋・蜀）陳寿（Chénshòu・233 年～ 297 年）はこの四人は名を伏せなければならない人であることを十分に理解しています。官渡の戦いの後に袁紹が病で倒れ伏せていたときに袁譚の后である俾弥呼（文甄・倭姫）は曹操の息子の曹丕に奪われてしまいます。詳しく読んでいくと、翌年の曹操の北伐に備えて甄氏を郭氏が救う為に曹丕が救助したと捉えると誤りは有りません。

　　俾弥呼は郭氏が 235 年で亡くなった後に何年に亡くなったのでしょうか？

　　陳寿が俾弥呼と卑弥弓呼から聞いた話を誰かが伝えたのか、其れとも陳寿に倭の話を書き留めさせたのか。この卑弥呼の話を蜀の陳寿は三国史に掲載するには無縁で話をする必要のない烏丸・鮮卑東夷伝に卑弥呼

（俾弥呼）のことをまるでその地を訪ね直接出会ったかのように詳しく記載していますが、しかし長江の北に位置する蜀から倭は遠隔の辺境の地ですから余りにも離れ過ぎています。其れに何カ国を跨がって行かなければなりません。倭国の卑弥呼に会いに行くのは無理なことで、人の伝承にしてもかけ離れた土地の出来事がこれだけ詳しく伝わることは有り得ないことです。

　詳しく説明すれば倭で暮らす全ての子孫、袁譚の妃、文夫人と袁紹の兄袁基の末子である譚の弟の買には様々な危具が及ぶかもしれません。多く袁将が戦った残党、親を殺され子孫、兄が殺され敵を討った残党等など、この話は一つの例ですが、他にも幾つかの事情が有るでしょう。

　それから曹操と袁紹のふたりの英雄が官渡で戦ったのが紀元200年、202年に病で袁紹が亡くなり喪に伏し明けたのが205年、その年〜206年に文夫人の一族が曹操から授かった宝物、袁家の財宝と共に、倭に多数の人と共に船で移って来ています。そして220年以降に蜀から卑弥弓呼が熊襲の国に移ってきていますが、卑弥弓呼（月読尊）の出国も入国も事実を伝えた史料は無く、これも不可解で確信はありませんが状況を詳しく述べてみます。

　卑弥呼や素盞嗚の時代や、紀元200年時代で活躍した人物を調べると、弓の名手、使弓的少年（Shǐ gōng de shàonián）を見つけました、その主人公は劉封で、この話から十分に手掛かりを見つけることが出来ます。

　なぜ劉封か？　三国志に倭人は上部が長い弓を使うと記載しています。近年の話ですが、蒙古高原の遺跡から上部が長く黒い漆で仕上げてあり、弦が掛るところに銀細工がほどこされた弓が出土されています。

　三国志から
　巻四十 蜀書十 劉彭廖李劉魏楊傳第十

劉封者、本羅侯寇氏之子、長沙劉氏之甥也。先主至荊州、以未有繼嗣、養封為子。及先主入蜀、自葭萌還攻劉璋、時封年二十餘、有武藝、氣力過人、將兵俱與諸葛亮、張飛等溯流西上、所在戰克。益州既定、以封為副軍中郎將。

劉封（劉鳳、Liú fēng）は、本羅侯の寇氏（Kòu）の子であり、長沙（別称星城、中国長江の中游地区で重要）の劉氏の之、甥なり。先主（劉備、Liúbèi）は荊州（湖北省地級市）に至る。以って相続人はおらず、封を養子にする、また先住は蜀（Shǔ）に入る、自ら葭萌（古苴侯国・古白水［現在の白水江］下游流へて秦汉の北の葭萌県、葭萌水という）から戻って劉璋（Liúzhāng）を攻める、時に封は 20 才余り、武芸有り、強かった。全ての將兵と諸葛亮（Zhūgéliàng）、張飛（Zhāngfēi）等と西上の流れを辿り、所在で戦い占領する。益州を既に制定する、以って封は副軍中郎將（西漢時代の官名：五官、左、右三中郎署）に為る。

初、劉璋遣扶風孟達副法正、各將兵二千人、使迎先主、先主因令達並領其羅、留屯江陵。蜀平後，以達為宜都太守。建安二十四年，命達從秭歸北攻房陵，房陵太守蒯祺為達兵所害。達將進攻上庸，先主陰恐達難獨任，乃遣封自漢中乘沔水下統達軍，與達會上庸。上庸太守申耽舉羅降，遣妻子及宗族詣成都。先主加耽征北將軍，領上庸太守員鄉侯如故，以耽弟儀為建信將軍、西城太守，遷封為副軍將軍。自關羽圍樊城、襄陽、連呼封、達、令發兵自助。封、達辭以山郡初附，未可動搖，不承羽命。會羽覆敗，先主恨之。又封與達忿爭不和，封尋奪達鼓吹。達既懼罪，又忿恚封，遂表辭先主，率所領降魏。

魏略載達辭先主表曰：「伏惟殿下將建伊、呂之業，追桓、文之功，大事草創，假勢吳、楚，是以有為之士深睹歸趣。臣委質已來，愆戾山積，臣猶自知，況於君乎！今王朝以興，英俊鱗集，臣內無輔佐之器，外無將領之才，列次功臣，誠自愧也。臣聞范蠡識微，浮於五湖；咎犯謝罪，遂

巡於河上。夫際會之間，請命乞身。何則？欲絜去就之分也。況臣卑鄙，無元功巨勳，自系於時，竊慕前賢，早思遠恥。昔申生至孝見疑於親，子胥至忠見誅於君，蒙恬拓境而被大刑，樂毅破齊而遭讒佞，臣每讀其書，未嘗不慷慨流涕，而親當其事，益以傷絕。何者？荊州覆敗，大臣失節，百無一還。惟臣尋事，自致房陵、上庸，而復乞身，自放於外。伏想殿下聖恩感悟，愍臣之心，悼臣之舉。臣誠小人，不能始終，知而為之，敢謂非罪！臣每聞交絕無惡聲，去臣無怨辭，臣過奉教於君子，願君王勉之也。」

魏文帝善達之姿才容觀，以為散騎常侍、建武將軍，封平陽亭侯。合房陵、上庸、西城三郡為新城郡，以達領新城太守。遣征南將軍夏侯尚、右將軍徐晃與達共襲封。達與封書曰：古人有言：’疏不間親，新不加舊。‘此謂上明下直，讒慝不行也。若乃權君譎主，賢父慈親，猶有忠臣蹈功以罹禍，孝子抱仁以陷難，種、商、白起、孝己、伯奇，皆其類也。其所以然，非骨肉好離，親親樂患也。或有恩移愛易，亦有讒間其間，雖忠臣不能移之於君，孝子不能變之於父者也。勢利所加，改親為讎，況非親親乎！故申生、衛伋、禦寇、楚建稟受形之氣，當嗣立之正，而猶如此。今足下與漢中王，道路之人耳，親非骨血而據勢權，義非君臣而處上位，徵則有偏任之威，居則有副軍之號，遠近所聞也。自立阿斗為太子已來，有識之人相為寒心。如使申生從子輿之言，必為太伯；衛伋聽其弟之謀，無彰父之譏也。且小白出奔，入而為霸；重耳踰垣，卒以克復。自古有之，非獨今也。

初めに、劉璋は扶風孟達（Fúfēng mèng）に準正攻法でもって遣す、各將兵は二千人、使いに先主（劉備）を迎える、先主は群眾を導き受け継ぎ、江陵（名荊州城、中国の歴史文化名城）に駐屯した。蜀を平定した後、宜都（Dá wèi yí dū）の太守になる。

建安二十四年（219年、劉備は218年に漢中を占領）、運命に従い数万が北から帰り房陵（楚文化の地）を攻める、発祥地の一つ、房陵の太守蒯祺（蒯祺は西漢大臣蒯通の後、蒯良、蒯越の侄の兒、都の智仁雙全の輩、蒯祺は諸葛圭の女を娶る、諸葛亮は大姐を妻に為す）は到着した兵によって殺された。到達した將は上庸（上庸か古代地名、漢末に至る南朝梁有上庸郡、治上庸。現在は湖

北竹山県西南）に進攻する、先主は陰謀を恐れて難を避け獨に着任する。封自らの軍は水の流れのように漢中に到達する。上庸（古代の地名、漢末の南朝梁に在る上庸郡、治上庸、現在の湖北竹山縣西南）で到着し会議する。上庸太守申耽（別名義舉、元々是西平［西平は駐馬店市下轄県、位置は河南省中南部］、上庸間の大家族、申儀の兄）は降伏する、妻子及び一族は成都に詣でる。先主は北征の將軍を加勢し、上庸太守員郷（申儀の兄）侯を率いる、なぜか弟も憧れる建信將軍をなす、西城太守に、封が為す副軍將軍が還る。關羽（關羽［？～220年］、字は云長、小字［小さな別名］で長生きする、河東郡解県［今の山西省運城解州鎮］の人、雅号は「美髯公」）自ら樊城を囲む、襄陽（国家歴史文化名城、中国优秀旅游城市、漢流域中心城市）で封と連呼する、弁達で以って山郡をつける、ゆるぎない、不承運命だ。

敗北を喫し、先主は之を恨みます。また封は達忿（孟達［？～228年］、別名は子度（小説《三國演義》中字子慶）、本字子敬）と争い、不和となる、封は尋を奪い到着し鼓吹する（宣伝する）。既に懼罪する、又封は気にする、先主は考える、魏の所に引きくだる。

魏略載（中国三国時代の魏国の話を記載し史記を為す）にあるが、先主は説明、釈明する：「これ殿下を建（たてる）のを伏せている、呂の業（しわざ）、追う桓（烏垣）、文の功、大事（おおごと）を新たに始める、偽りの呉、楚、是を以って深く物事の趣（おもむき）を考える人が有る。臣（大臣）の素資があり委託できる巳（自ら名乗る人）が来た、山積の愆（誤り）を戻す、臣は自ら知り躊躇する、状況に於いて君主をかえた！　今王朝を以って興す、英俊（才能が優れている、美男子）が鱗のように集まった、高宮の私は援助する器では無い、外に将軍の才能を持つ者は領内に無い、何れも劣る功臣、恥じる也。臣は聞く范蠡（Fànlí）（［紀元前536年～紀元前448年］、別名少伯、華夏族、楚国宛地三戸［現代の南陽淅川県滔河郷］の人）は少し知っている、五つの湖に浮かぶ：犯（犯した罪）を咎め謝罪する、河上を逡巡する。

夫婦の間で命を請う。何故に？　そこに行きたいのか。まして大臣は下劣である、大きな手柄を立てたわけでなく、時々たまに、前を見渡せ

ば自分（竊）を慕（羨む）う、早々に遠くを思い考える。以前に申した親に疑われない（親密）ために生れた、子胥（Zi xū）は忠実に貴方を罰する、蒙恬（Méngtián［約紀元前259年〜紀元前210年］姫姓、蒙氏、名悟、琅邪蒙山［今山東蒙陰県］人。秦朝時の名将、上卿蒙驁の孫、内史蒙武の子）は領域を拡大して大いに苦しみ、樂毅（［yuè yì］生年月日不詳、子姓、樂氏、名毅、字永霸。中山の人、戦国後期傑出した軍事家、魏将樂羊［戦国時代の名将の末裔］、拜燕上將軍、封は昌国［古代の町の名前。又名昌城でも知られています、古戦場、燕の後に入る。今は山東淄博市張店区東南。燕昭王は封に快く君主にする］の君主を授かる、燕国燕昭王の振興を助ける）全て破れ中傷に遭う。大臣が其の書を何度も読むたびに、味わいもなく穏やかでも無く鼻水が流れる、而に其の事は調べている、益す以って傷が絶えない。何者？　京州は敗北を喫する、大臣は負け、孤立する。大臣は何事か探し、霊廟にたどりつく。上庸（古代地名。漢末から南王朝まで梁は上庸郡もち、上庸を治める、現在の湖北竹山県西南に位置する）、而に物乞いの身、自ら外に手放す。殿下は想う聖なる恩を悟る、横暴な大臣の之心、大臣は悼み悲しむ之、意を表す。大臣は小心者、常にできるとは限らないと知り而之を為す、敢えて無実だ！　大臣は聞くたびに悪い聲は無い、去る大臣の怨む辭は無い、大臣は君子に大きなことを教え、君主に勉めるよう願う」

　魏文帝（Wèi wéndì）の之傑出した才知にたけ、騎兵隊は常に待機している、建武（曹魏置．東漢末の魏武析沛国置譙郡［今安徽省亳州市］。三国魏黃初元年［紀元220年］改め譙国、豫州に属する。西晉の譙国。南朝宋移治蒙県［今河南商丘県北二十二里老蒙牆寺］の将軍）、封は平陽亭侯（李福、字孫德、三国時代の涪県［今綿陽市区］人。蜀漢成立後に李福は任命される、後は任巴西太守、江州都督、揚武將軍等の職に就く。）合房（隷属湖北省十堰市、位置は湖北省西北部、十堰市南部）墓陵、上庸、西城三郡、新城郡為す，以って統領新城太守になる。遣す征南將軍夏侯尚（Xiàhóu shàng）（三国時代曹魏將領、夏侯尚［？〜226年］、字伯仁、沛国譙郡［今安徽亳州］の人。三国時代は曹魏の名将、征西將軍夏侯淵のいとこになる）と時に右將軍徐晃（Xú huǎng）（［？〜227年］字公明、河東楊［今山西洪洞東南］人。三国代の曹魏名將）達興と共に封を襲う。

達與封書曰く：古代人は云う：'親が居なくて寂しく新しさと古さは違う。

　'上が明るければ下は正直である、蹂躪するのは出来ぬ。若く強力な君主は、賢く慈しみのある、禍を抑える忠実な大臣がまだいる、孝子は災難に巻き込まれるが慈悲を受ける。種、商、白起（白起［？〜紀元前257年］秦国の白氏の名記、郿邑（現在の陝西眉県常興鎮白家村）の人、戦国時代の名将、優れた軍事戦略家、「兵家を代表する人物」）、孝己、伯奇、みんなそうである。其所は以然（なぜ）、兄弟は離れているとうまくいくと、実の親は楽観している。或いは恩があれば愛は移ろいやすく、其の間中傷もある、忠実な大臣は之に於いて動けない、孝行な子は父親に背けない、所加（実は〜）地位や財産によって差別する、改めて親は為す讎（古文書では售と同じ［悪計を］はかる）、実の親は本当にひどい！　故に断固として申す、衛侲、禦寇（列子［約紀元前450年〜紀元前375年］名は名御寇、又は名寇、戦国前期の道家の代表者鄭国圃田［今の河南鄭州］の人、古帝王列山氏の后、郑国圃田［今河南郑州］の人）、古帝王列山氏の后。楚から受けた贈り物に腹が立つ、後継ぎが正しければ之、而にそれならそれで良い。今一歩で漢中王を興す、道路は人耳（だけ、のみ）、親の血筋ではなく権勢による、非正義な君臣が而に上にいて、僅か変則な規則で威信を保ち、副軍には決まった規則が有ると叫ぶ、遠くも近くでも聞く也。自ら阿斗（劉禪［shàn］207年〜271年）、蜀漢王朝の準皇帝だけでなく、又、後主と称する、字は公嗣、小名は阿斗。三国時代の蜀漢末代の皇帝（223年〜263年在位）、漢昭烈帝の劉備の子、これの母親は昭烈皇后の甘氏）は立つ王子になる為に、知識が有る人相は冷たく見える。生れを述べれば子供のころからでは無いと云う、必ず太伯（父方の一番上のおじ、年長の男性に対する尊称としての呼びかけ）となり；衛侲は其の弟のはかりごとを聞く、不明の父は之を嘲笑する也。そして小白は逃亡した、入る而、為す支配する；圧倒する、不安は回復した。自らは古くから、今の獨（Dú）では無い也。

　夫智貴免禍，明尚夙達，僕揆漢中王慮定於內，疑生於外矣；慮定則心

固, 疑生則心懼, 亂禍之興作, 未曾不由廢立之間也。私怨人情, 不能不見, 恐左右必有以間於漢中王矣。然則疑成怨聞, 其發若踐機耳。今足下在遠, 尚可假息一時；若大軍遂進, 足下失據而還, 竊相為危之。昔微子去殷, 智果別族, 違難背禍, 猶皆如斯。國語曰：智宣子將以瑤為後, 智果曰：「不如霄也。」「宣子曰：」霄也佷。「對曰：」霄也佷在面, 瑤之賢於人者五, 其不逮者一也。美須長大則賢, 射禦足力則賢, 技藝畢給則賢, 巧文辯惠則賢, 強毅果敢則賢, 如是而甚不仁；以五者賢陵人, 而不仁行之, 其誰能待之！若果立瑤也。智宗必滅。「不聽。智果別族於太史氏為輔氏。及智氏亡, 惟輔果在焉。」今足下棄父母而為人後, 非禮也；知禍將至而留之, 非智也；見正不從而疑之, 非義也。自號為丈夫, 為此三者, 何所貴乎？以足下之才, 棄身來東, 繼嗣羅侯, 不為背親也；北面事君, 以正綱紀, 不為棄舊也；怒不致亂, 以免危亡, 不為徒行也。加陛下新受禪命, 虛心側席, 以德懷遠, 若足下翻然內向, 非但與僕為倫, 受三百戶封, 繼統羅國而已, 當更剖符大邦, 為始封之君。陛下大軍, 金鼓以震, 當轉都宛、鄧；若二敵不平, 軍無還期。足下宜因此時早定良計。易有'利見大人', 詩有'自求多福', 行矣。今足下勉之, 無使狐突閉門不出。封不從達言。

夫の知恵は高く禍を免れ、明は残っている、漢中王（漢中王は一つの諸侯王の称号で、より有名なのは西漢を開国した皇帝劉邦です。劉邦、劉嘉、東漢の末年に至る三国時代の劉備と和唐朝の漢中王は李瑀〔漢中王李瑀、瑀は早くから有望視されていました。始め封は公〈国〉の隴西郡に属する。從帝幸蜀, 至河池, 封漢中王, 山南西道防禦使〕です）は内に留まることを決め、外の生れを疑う、矣（前の文章を強調する文字）；心証を考え考慮する、疑い恐れる、亂禍（混沌）を興す、決して廃止をしない。私は不満だ、見逃すわけにはいかない、左右の恐れは必ず有り漢中王は以って問う。まわりの疑惑を聞き、すでに汝が実行する機会を感じている。今は足元で無く遠に在り、尚を一時休め；汝が大軍を遂に進める、足元で失墜し而還る、竊相（王莽〔紀元前45年〜23年10月伊6日〕、別名巨君、魏郡元城県〔今は河北省大名県〕の人、西漢權臣、政治家、改革家、新顯王の王曼の第二子、孝元皇后王政君の姪、新朝開国

の皇帝［9年1月10日〜23年10月6日］）は危ない事を為す、昔微子（微子、子姓、宋氏、名啟、後世に微子と称する、微子啟、宋微子、今河南商丘の人。是は宋国の開国の国君主、微子是は商王帝乙の長子［年長者］、商紂王帝辛の長兄）は殷を去り、智果（隋書法家：春秋晉国大夫：智果村［寺］）別族、禍に背を向けて難をさける、そう皆同じだ。」国語日：「智宣子將（紀元前403年、呉の任務に就く魯国将軍、先将の妻子［齊人］を殺し、齊師を撃退した。後で遭讒し［中傷する］、魏国に投降する）以ってその後は素晴らしいことを為す、智果日：「たとえば（雲、空）也。宣子日：「空也長けている。」對日：「在面は空也長けている、五人物は素晴らしい之は賢い、其れが出来ない者は一人なり。美しさは特徴があってぬきんでていなければ、全速力で撃つ、熟練を賢く学ぶ、文章や弁術を巧みに賢く学び、果敢な勇気を賢く学ぶ、如何にもこれは不親切だ；以って五者は特別な賢人だ、陵（読みなおしや書き直しを防ぐために用いる）、而るに之は不親切だ、誰が其れを扱うのか之を！もしも立案するならば素晴らしい也。智宗は必ず滅びます。」聞かない。智果（春秋晉国の大夫）別族に於いて輔氏が太史氏に為る。及び智氏は亡くなる、これ輔果（知果、春秋末晉国人、医者、本知氏の一族、或いは智果と称する）在焉（yān）此処に在る。今貴方の父母を棄てて而に人后（女王）に為る、非礼なり；禍が将に至り知る而（しかるに）之を留める。知恵がない也：正しく見れば従わず而之疑う、正義ではない。自称夫だ、これら三者為す、何所が高貴ですか？　以って足下（あなた、足下は主に君主を呼ぶために使用されました）之は才能、諦め東に来る、劉封、裏切らない：北面の事君、以って正しい綱紀、古いものを捨てるな：不埒なやつと怒る、以って滅びず、不為徒行ではなく。陛下の新しく加えた禅を受けます、虚心側席、以って懐遠（安徽省鄧武市淮源県）を取得する、一歩内に向かうと引き返す、そして僕（しもべ）だけでなく倫ずる、封は三百戸を授かり、既に羅国に従う、より多く更に大きく、封の君主は始める。陛下の大軍は、楽器を鳴らす、都を変える、鄧；二人の敵は均しくない、軍が還る期間は無い。一歩この時早く良い計画が定まる。簡単に年配者（高名な者）が見えます。詩有'自から多くの数量を求める'了

解する。今少し前に之に勉める、狐（悪人）は使わず門を閉めて出さない。封に従わぬ達を言う。

申儀叛封，封破走還成都。申耽降魏，魏假耽懷集將軍，徙居南陽，儀魏興太守，封「真鄉侯」員鄉侯，屯洵口。「魏略曰：」申儀兄名耽，字義舉。初在西平、上庸間聚眾數千家，後與張魯通，又遣使詣曹公，曹公加其號為將軍，因使領上庸都尉。至建安末，為蜀所攻，以其郡西屬。黃初中，儀復來還，詔即以兄故號加儀，因拜魏興太守，封列侯。太和中，儀與孟達不和，數上言達有貳心於蜀，及達反，儀絕蜀道，使救不到。達死後，儀詣宛見司馬宣王，宣王勸使來朝。儀至京師，詔轉拜儀樓船將軍，在禮請中。封既至，先主責封之侵陵達，又不救羽。諸葛亮慮封剛猛，易世之後終難制御，勸先主因此除之。於是賜封死，使自裁。「封歎曰：」「恨不用孟子度之言！」先主為之流涕。達本字子敬，避先主叔父敬，改之。「封子林為牙門將，咸熙元年內移河東。達子興為議督軍，是歲徙還扶風。」

話に心惹かれ封は叛く、封は破走して成都に還る。魏には遅れると申す，魏に偽り遅れる懷集將軍（古代の官制名、西晉末期の王濬置）、徙居南陽に移行し、儀魏興太守（劉欽［三国の魏興太守］）封「真鄉侯」員鄉侯，屯洵口。「魏略曰：」「申儀（三国時代魏の將領、もともとは西平、上庸［上庸は古代地名、漢末に至る南朝梁有上庸郡、治上庸、今は湖北竹山県の西南です］間の豪強な大家族、申耽の弟）、遅れて劉備は下がる、備以って儀を為す建信將軍（官名、東漢獻帝建安［196～220年］末に劉備は設立する、西城太守、兄の名耽、別名義舉）。初めに西平が在り、数千の群衆と家が上庸に集まる、これ詳しい張魯（［?～216年、245年］、別名公祺［〈後漢書〉公旗作〕、祖籍沛国豊県］今江蘇豊県）が後に興す、又曹公に詣でる使いを遣わす、曹公は其の張魯を將軍に加える、領土を上庸都尉に託す。建安の末に至る、蜀の地域を攻める、以って其の郡は西に属する。黃初（黃初［220年10月～226年］、是は三国時代曹魏の君主魏文帝曹丕の年号、合計7年の中ごろ）に還り来る、したがって皇帝の命令を詔って兄に号（雅名）を大声で与える、

受け継ぎ魏興太守を拝受する、封は侯爵に並ぶ。太和（太和［曹叡］：三国の魏明帝曹叡に沿って227年至233年の年号）の中頃、孟達に心惹かれるが仲は良くない、蜀に於いては十分な情報が有る、及び達は反抗する、蜀に憧れたが諦める、救いの使いは来ない。達の死後に、心惹かれる司馬宣王（孫禮［？〜250年］、別名德達、涿郡容城［今の河北容城］人。三国時代の曹魏將領）に詣で謁見する、宣王の使いが來朝。憧れの首都に至る、憧れた樓船將軍（雑多な将軍の一人、乞われた統領の水軍の主力になる、西漢武帝の時代に出来た、統水軍の出撃は東漢と戦う）に詣でる、これが礼儀です。封は既に至る、先主（劉備）封を責める達に丘陵を侵される、又また美羽（［？〜220年］別名云長、小字長生、河東郡解県人、雅号「美髯公」。漢末三国時代の名將）を救えなかった。諸葛亮（諸葛亮（［181年〜234年10月8日］、別名孔明、号は臥龍、瑯琊陽都［今の山東省沂南県］人、三国時代蜀漢の丞相、中国古代に傑出した政治家、軍事家、文學家）は剛猛（逞しい）な封を憂慮する、世界が変わった後は制御が終わりまで難しい、先主の忠告を聞かない。於是賜封死，使（もし……なら）「自らを裁く」。封歎曰：「恨みは不用だ、孟子（一番上の子）と暮らすと言う！」先主（劉備）は涙を流す。達という言葉を敬う、避けて先主は叔父を敬い、之を改める。「劉封の子は林は牙門將（牙門將軍は一種の古代の公職であり、古代の要塞「牙門」に端を発し、牙門の兵士を指揮する将軍は牙門將軍と呼ばれています）に為す、咸熙元年（247年）内に河東に移る。（猛）自由奔放な議督軍（「三國志・劉封傳」裴松之注：「（劉）封子林為牙門將，（魏元帝）咸熙元年（264）内移河東。（孟）達子興為議督軍、是歳徙還扶風。」と為す、是れに年内に扶風県に還る。）

　中国大陸から劉封が倭に渡ったと言う話は日本や中国の書物には載っていません。この話の詳細を詰めていかなければなりませんが確実な詳しい話をするのは簡単ではありません。ここからはFictionになります。卑弥弓呼が活躍した年代は烏垣、爰の袁紹、袁紹の妃である劉夫人、魏の太祖曹操、蜀の先主劉備、呉の孫権の代より一代後になります、袁譚の后である文夫人（約159年〜247年）、魏の曹丕（187年〜226年6月29日）、

蜀の劉封（養子）（？〜 220 年）、呉の孫亮（243 年〜 260 年）等が活躍した年代に相当します。そこで三国志の卑弥呼の活躍した年代の登場人物でこの人ではないかと思い当たる人物は劉封になります。

　建安二十五年（220 年）に自ら命を絶った？　直接劉備が手を下していません。未だに真相の決め手は有りませんが同じ三国志にこれに似た話が有ります。袁譚が曹操に投降し冀州から袁譚が妻子を連れて南皮に向かいます。その先は渤海湾です。船に乗り南下すれば倭に向かいますが、南皮に向かう袁譚は「譚斬られ妻子誅殺」と三国志には綴られており著者の陳寿はこの文章で妻子を庇っています。後漢書では青州で殺されていますがこれも間違っています。しかし、譚の妻（后）は文夫人です。これは中国の人でも分からないでしょう。四世三公と云われた袁家の末路は詳しく書かれていないと中国でも疑問が絶えません、理由は簡単です。日本の人には中国の古代文書は難しく、中国の人も同じく日本の古代文書は理解出来ません。中国語で理解できる文字を日本語文字が変化した文字も有り、より難解なのは漢字では無い漢字でこれは区別すら付かず、周末期の文字が使われていて読むことが出来ません。勿論、近代でも漢字で無い漢字は昔からの言い伝えに頼るしか有りません。私も簡単に読むのは無理ですから、出来るだけ結果の出た少ない史料を探さなければなりません。

　むしろ倭に来ているなら少しは痕跡が残っているはずです。北九州地方には天然記念物の相良飛び蔓が有名ですが、相良と同義語の始良と云う地名も有ります。始良の地名の解釈は少し違いますが女性の名前で語源となったのが次の文章です。「趙荘・趙七年目」魏翔公夫人の妻江は子供がなく、義母は元と云う息子を産んだ。良治之子、必学為裘：良弓之子、必学為裘。参考文献は（礼記・学記）と有ります。

　説明しますと、「裘」（Qiú）は書き言葉で毛皮の服です。良治の子、学問を学ばなければ中身が無い。良弓の子、学問を学ばなければ中身が無い。

　良治は良く治める、良弓は 1. 良い弓、強い弓。2. お辞儀が上手な人

を指します。其れが元と云う息子です。良く躾が出来て礼儀作法が守れる子の名前となりました。

これだけではまだ劉封が倭に来た証にはなりません。三国志の烏丸・鮮卑東夷伝の倭の項に「倭女王卑弥呼与狗奴国男王卑弥弓呼素不和，遣倭載斯、烏越等詣郡説相攻撃状。」と載っています。この文中の遣倭載斯は倭（文夫人＝俾弥呼）を遣わす、１年〜１年半かけて説得すると云う意味の文章です。既に文夫人は卑弥弓呼に皇命に従えと伝え説得する交渉時間が掛り過ぎています。むしろこれを見ていると不和では無く、俾弥呼は卑弥弓呼を庇っているのではないのかと俾弥呼の本心が見えてきました。

これに痺れを切らした景行天皇が強引に軍勢を連れて周防の佐婆津から海部郡宮浦とやってきます。佐婆津から海部郡宮浦の距離は短く宮浦は現代の別府湾です。これは大和から軍勢を連れて来たのでは無く安芸辺りに軍隊が在ったのでは無いかと思わせます。殷（Yīn）の属国の周（Zhōu）が殷を倒したのは、文字を使い周が属国どうし同盟関係を結び殷を倒し、国を治める周の技法とし、同盟国に精鋭の軍を寄こし、其の見返りに食糧やその他を援助する、お米の出来る所はお米を供出しろ、見返りに軍隊を出動する云う、国を治める手段として同じ手法を使って要るのではないかと思わせます。其れを物語る話は紀元前200年に周と同盟関係の燕の王燕喜（Yàn xǐ）が反秦の部下達と島根の中海の蜈蚣島に渡ってきていると記され、出雲国風土記に詳しく詳細が載っています。俾弥呼も宮浦で景行天皇を迎えるのは、其の日に港で歓迎する訳ではありません。然るべき宮殿や軍隊を宿泊させる本陣も有ったはずです。佐賀の吉野里の宮殿からも宮浦まで短時間で行ける距離ではありません。

宮浦で景行天皇を迎える俾弥呼（文夫人）の事を日本書記、古事記では「爰女人」Yuán nǚrén、豊後国風土記では「早津姫」、古語捨遺では「爰女」、播磨国風土記では「比売神」と書かれています。劉封が倭に来た同じ世代に須佐能袁・出雲国風土記（袁買）がいます。倭では素盞嗚と同じく劉封の名前も古代史では月読命としています。ここで Why ？

弓と月なのか弓と月の繋がりを説明します。左手に弓を持つと左に半円を描きます。引き絞ると満月に似て弓と弦で円を描きます。矢を放すと弓は回転して弦は左手の後ろの腕で止まり弓と弦で右側に半円を描きます。弓を構える手もとは握り閉めてはいません。

　此処から Mystery になります。倭健の東夷征伐で常陸国風土記では倭建が日本天皇になっていますが、景行天皇が認めたのでしょうか？

　東夷征伐と北伐に向かったのですが、それらしい話が有りません。なお不思議な出来事は伊勢の俾弥呼（文夫人・倭姫）に東夷北伐が終わった倭武が最後の別れの挨拶をします。俾弥呼から草薙の剣を「ぬかるな」と渡されます。剣を我が家に置き伊吹山で命を絶ちます。景行天皇と我が子建との間に何が合ったのでしょうか？　その後には倭武は祀られていないと記載されています。当時の出来事は「古語捨遺」に詳しく記されています。

　至_於纒向二日代朝_、令_日本武三命征_討東夷_。　仍　四枉レ道詣_伊勢神宮_、辞_見倭姫命_、五以_草薙剱_授_日本武命_而教白、慎莫レ怠也。日本武命、既平_東虜_還。　至_尾張国_、納_宮ⁿ売六簀七媛_、淹留蹤レ月。　解レ剱置レ宅、徒行登_胆吹山_、中レ毒而薨。　其草薙剱、今在_尾張国八熱田社_未レ九叙_礼 10 典_也。

　毒を以って薨は身分の高貴な人で自ら命を絶つ、特にこの文書で発見をしましたが倭姫命は袁譚の后、文夫人である俾弥呼が伊勢神宮に倭から袁買、素盞鳴と共に移動しています。簀媛は女装の袁買、素盞鳴尊の証になります、なぜか？　簀が買なのか、其れは簀の文字の左横に売と記されています、売も買も古代では（Mǎi）で同意語です。売買の賣が共通文字です。

　倭武と他に一人祀られていない人、月読命がいます。しかし、新たな疑問も出てきます。東夷征伐が失敗に終わったと云う話は聞きませんが、日本武命とか日本武天皇と大衆に呼ばれたのが景行天皇の気持ちに触れ

たのか分かりませんが、景行天皇の後は成務天皇です。倭武は景行天皇と俾弥呼との御子なので可愛いはず、だが後継者としては俾弥呼の勢力側の人ですから、景行天皇は仲哀天皇も後継者から外します。二人は大碓、小碓と双子です。

此処で倭武の東征を一度検証して見ます、常陸国風土記では戦の話は出てきません。常陸国と言えば茨城地方です。北は陸奥国、上から青森、宮城、福島地方です。陸奥国の西が出羽国で秋田、山形地方です。其の南が越後国、新潟地方です。羽前、山形地方に修験道の聖地と言われる羽黒山や月山と湯殿山の出羽三山です。月山神社に出羽神社と湯殿山神社が在ります。

月山神社の祭神は月読命です。此処から Fiction です。東夷征伐は熊襲国から出羽国に逃亡した月読命を倭武が軍勢を連れ追討したものの、結果として景行天皇の意思にそぐわなかったので怒りを受けてしまいます？

一つ気になるのが出羽国の地名です。出雲（Chū yún）国は出が云う国と訳すると、出氏は鹿児島県に鍋鶴が飛来する出水市（郡）に在り、日本で弐番めに古い時計台辰鼓楼がある豊岡市出石も有ります。俾弥呼（倭姫・文夫人）は劉夫人が災害で亡くなった後に出雲、播磨、巻向磯城に伊勢神宮に近い巻向玉状に吉野の里の宮殿から順次時代と共に移っています。俾弥呼は素盞鳴と神宮皇后（息長帯姫、豊受姫）から別れて伊勢神宮から鳥羽から曹魏で暮らす妹の文郭皇后、明元皇后の元に還ります。魏では四世斉王と名乗る劉封も卑弥呼が無事で還るのを待っています。俾弥呼は亡くなった倭建と劉夫人を自らの手で祀る事も出来ず、後の事ともあり十分に考えた末に結果として残った少ない女官と共に我が子息長帯姫に全て委ね、倭を離れ妹の待つ曹魏に渡ります。

倭では倭武と月読帝は祀る事を許されていません。滋賀県大津市の建部神社に日本武尊が祀られ山形県東田川郡の月山神社に月読帝は祀られましたが官国弊社の官幣大社入りは近年の出来事です。劉封も倭から離れ魏に還り斉王として魏の文郭皇后に擁護を受けて封は斉王の勉めを果

たします。意外ですが俾弥呼と卑弥弓呼は魏の地で再び共に暮らします
が、恐らくこの結末は文夫人も劉封も想像していなかったでしょう。事
実は小説より奇なりとはこれを言います。240年の出来事を纏めた文章
にも封が出てきます。

　公元240年 農暦庚申年、魏齊王曹芳正始元年、蜀漢後主劉禪
（Liúchán）延熙三年、吳大帝孫權（Sūnquán）黃龍三年。魏太守弓遵
遣建忠校尉梯俊（Tī jùn）等奉詔書印綬至倭國、並送金、帛、錦、罽、刀、
鏡等物。倭王答謝。

　この文章では巻向磯城の俾弥呼も倭王と名乗ります。魏齊王曹芳と魏
太守弓遵は同じです。劉封は曹芳と名乗り魏の四世齊王に成ります。何
れにしても三国志の巻三十魏書三十　烏丸鮮卑東夷傳の目録に記載して
いる人物名では無く、伏せて書かれている卑弥弓呼とは弓尊の別名です。

第二章

劉備と俾弥呼

　意外ですが劉備と俾弥呼（文夫人・倭姫）は同郷で、三国志が魏の高祖曹操で始まり、終わりは卑弥呼（俾弥呼のこと）とは驚きました。

魏大祖、**曹操**
　　曹丕　──────　文昭甄皇后・文昭皇后
　　　　　　　　　　中山人、袁熙の后、後曹丕の后、
　　　　　　　　　　曹叡の生母。
　　　　　　　　　　（183 年 1 月 26 日〜221 年 8 月 4 日）
　　　　　　　　　　文郭皇后・明元郭皇后
　　　　　　　　　　曹丕の后
　　　　　　　　　　（184 年 4 月 8 日〜235 年 3 月 14 日
　　　　　　　　　　　　　　　　　　　− 264 年 2 月 8 日）

中山人、蜀先住、**劉備**　──────→　**俾弥呼**“倭姫”袁譚の后、文夫人、
　　　　　　　　　　　　　　　　　　俾弥呼は媛と呼ぶ、（？− 242 〜 246）
　　　　不和　　　　　　　　　　　　もう一人の**卑弥呼**　袁紹の后、劉夫人
劉備の長男、養子、**劉封**　　　　　　劉夫人が亡くなり文夫人が後を継ぐ
　　劉封は月読命・斉王　　　　　　　袁紹の兄は漢の高官、安国亭侯袁基
　　　　　　　　　　　　　　　　　　袁基の長男は袁譚、弟は袁買
　　　　　　　　　　　　　　　　　　袁買は素盞鳴・須佐能袁

私が気付くのが遅かったのですが、俾弥呼（倭姫）の姓名だけ正しく解ります。

　甄皇后と郭皇后は史料が有り生誕まで分かっていますが、何れも名前は分かりません。甄皇后の父は甄逸（Zhēn yì）（紀元 156 ～ 186 年）（中山人、東漢末年の人物、幽州の刺史袁熙と魏文帝曹丕の岳父、文昭甄皇后の父親、子は甄堯、甄儼、妻張の 3 男と 5 女、甄姜、甄脱、甄道、甄荣、甄氏）：即、甄氏だけでは名前が分りません。郭皇后は西平郡人、一族は涼州大族です。甄氏は中山の人で出身地は違いますが頭の姓は文です。袁紹、曹操、烏垣の蹋頓の后は劉夫人です。蹋頓が袁紹に烏垣の支配を任せたのも卑弥呼の姓もこれで説明がつきます。

　曹操の長男は曹丕です。后は文昭郭皇后、袁基の長男は袁譚で后は文夫人、袁紹の長男は袁熙で后は文昭甄皇后です。文姓だけでは、解明は中国でも出来てなく的確な答えは出せないのですが、この 2 代に渡る同じ姓は古代女系から来ています。三姉妹とも文が頭に来て姓が入ります。名前は分かりませんが漢末の出来ごとです。この制度も完璧ではなく少し変わってきたと考えて見ます。1 対 2 で 3 人の姓を揃えるならこの方法になります。しかし良く考えれば重要な事です。「就是一個氏族的一群兄弟和另一個氏族的一群姉妹之間的交互群婚」を参考にしますとこれは一つの Group の男子と別の一つの Group の女子と結婚をしますと親族関係を構成出来ます。またこれ等を察すると俾弥呼（倭姫）は甄氏の残る 4 人、甄姜、甄脱、甄道、甄荣（Zhēn jiāng, tuō, dào, róng）の誰か、この中の一人の名前になります。元々仲の好い袁紹と曹操のこの関係も説明をすることができます。

　曹操の曹丕、袁基の袁譚、袁紹の袁熙と文夫人の宗族（一族）の三姉妹が繋がりました。文夫人と劉封の繋がりを説明しますが、分れば何だそう云う話かと呆気なくても物語は波乱万丈です。

　文姓の将軍ですが文とは未詳で曹操の第十子曹林ではないかとも言われています。魏晋南北朝時代　文欽（Wén qīn）（？-257）、譙郡（今安徽亳州）人、文欽仕魏時官至前将軍、拝揚州刺史（知事）。魏正元二年（255 年）

起兵討司馬師、兵敗後投奔呉國、呉國授予幽州牧、封譙侯、鎮北大將軍。

俾弥呼（倭姫・文夫人）が朝貢したのは。景初二年六月, <u>倭女王遣大夫
難升米</u>（Nán shēng mǐ）等詣郡, 求詣天子朝獻, 太守劉夏遣吏將送詣京都。
其年十二月, 詔書報倭女王曰:「制詔<u>親魏倭王卑彌呼</u>:帶方太守<u>劉夏</u>遣
使送汝大夫<u>難升米</u>、次使<u>都市牛利</u>（Dōu fú niú lì）奉汝所獻男生口四人,
女生口六人、班布二匹二丈, 以到。汝所在逾遠, 乃遣使貢獻, 是汝之忠孝,
我甚哀汝。今以汝為<u>親魏倭王</u>, <u>假金印紫綬</u>, 裝封付<u>帶方太守假授汝</u>。其
綬撫種人, 勉為孝順。汝來使<u>難升米</u>、<u>牛利</u>涉遠, 道路勤勞, 今以<u>難升米</u>
為率善中郎將, 牛利為率善校尉, 假銀印青綬, 引見勞賜遣還。今以絳地
交龍錦五匹、【<u>臣松之</u>以為地應為綈, 漢文帝著皁衣謂之弋綈是也。此字
不體, 非魏朝之失, 則傳寫者誤也。】絳地縐粟罽十張、蒨絳五十匹、紺
青五十匹, 答汝所獻貢直。又特賜汝紺地句文錦三匹、細班華罽五張、白
絹五十匹、金八兩、五尺刀二口、銅鏡百枚、真珠、鉛丹各五十斤, 皆裝
封付<u>難升米</u>、<u>牛利</u>還到録受。悉可以示汝國中人, 使知國家哀汝, 故鄭重
賜汝好物也。"

倭女王俾弥呼を魏は親魏倭王俾弥呼と呼んでいます。魏と特別な関係
が有るとこの文章で分かります。俾弥呼は朝貢を景初二年六月に行いま
す。景初二年は景初（237 年三月～239 年）、是は三国時代に魏明帝曹叡の
第三年の号になります。曹魏政権の第四の年号です。青龍五年三月改元
した景初歴です。青龍五年三月は則景初元年四月になり景初三年正月に
斉王曹芳が即位します。これを俾弥呼の朝貢に当て嵌めて見ましょう。
文郭皇后は 184 ～ 235 年、文昭瓶皇后は 183 ～ 221 年、明元皇后は～
264 年です。俾弥呼は文昭瓶皇后の姉で、文瓶の中に何故、昭の文字が
入らないのか、袁紹家は袁紹の長男が袁熙、袁尚と続きます。袁紹の兄
は袁基で長男は袁譚と末の弟の袁買です。「しょう」の文字は必要では
ありません。俾弥呼は五女のなかの大姉ですから<u>文瓶姜</u>（Wén píng jiāng）
が答えです。中国でも分かりません。三国志では南皮に向かう袁譚は斬

られ妻子刺殺となっていますから俾弥呼に被害が及ばぬように陳寿はこういう風にしたためました。

　俾弥呼が朝貢した時期は二人の郭と瓶の名前は見られませんが、では誰を目的として朝貢したのか、立皇后瓶氏に朝貢したのです。明元皇后は文郭皇后から名前と地位が上がり明元と名を変えたのですが、曹丕が亡くなり文昭瓶皇后は実権を握ります。これが景初です。三国志の時代でも漢は在ります。漢で無く俾弥呼が魏に朝貢をしたのは同年代の斉王が魏にいたから、これが正始です。そして俾弥呼が金印を授かったのも俾弥呼の妹の瓶氏だから俾弥呼に金印を授けたのです。丕の後を継いだ曹叡は明帝と名乗り瓶昭皇后が後見人です。その後を継ぐのは斎王です。それでなくては東夷の辺境地の倭国女王が金印を授かる理由が見当たりません。俾弥呼とは周りの者たちから媛と呼ばれた女性ですが、それは劉夫人と文夫人です。そして文夫人（俾弥呼）は倭に就く前から男装をしていますから、三国志では姿は男性として書かれています。俾弥呼（倭姫）は袁譚の后です。袁譚が年上になるから当然后も瓶より僅か年上になります。この話は三国志巻四　三少帝記第四と三国志巻三十　烏丸鮮卑東夷傳に載っています。

　其國本亦以男子為王, 住七八十年, 倭國亂, 相攻伐歴年, 乃共立一女子為王, 名曰卑彌呼, 事鬼道, 能惑衆, 年已長大, 無夫婿, "有男弟佐治國"。自為王以來, 少有見者。以婢千人自侍, "唯有男子一人給飲食, 傳辭出入"。居處宮室樓觀, 城柵嚴設, 常有人持兵守衛。

　訳すと、国を治めるのに助ける弟・袁買がいる、唯食事の世話をするのに自由に出入りする男子が一人いる、この人が夫、袁譚の姿を模した男装の文夫人、倭姫です。袁紹の后、劉夫人は曹操に夫袁紹の墓陵も造ってくれました。宝物まで授かります。袁譚の后、文夫人と袁譚の弟、袁買・素盞嗚と多くの奴と云われた女性、女性の兵士と共に倭に来ています。文夫人が朝貢をした年は237年（姉として）で朝貢を行った卑弥呼

の年齢は52才前後になります。

　卑弥呼の年代は文夫人の年代になりますから、通称云われている没年242、246年は亡くなったのは64歳になります。

　正始元年，太守弓遵（Gōng zūn）遣建中校尉梯儁（Tī jùn）等奉詔書印綬詣倭國，拜假倭王，並齎詔賜金、帛、錦罽、刀、鏡、採物，倭王因使上表答謝恩詔。其四年，倭王復遣使大夫伊聲耆（Yī shēng qí）、掖邪狗（Yē xié gǒu）等八人，上獻生口、倭錦、絳青縑、綿衣、帛布、丹木、口、短弓矢。掖邪狗等壹拜率善中郎將印綬。其六年，詔賜倭難升米黃幢，付郡假授。其八年，太守王頎（Wáng qí）到官。倭女王卑彌呼與狗奴國男王卑彌弓呼素不和，遣倭載斯、烏越等詣郡說相攻擊狀。遣塞曹掾史張政（Zhāng zhèng）等因齎詔書、黃幢，拜假難升米為檄告喻之。卑彌呼以死，大作塚，徑百餘步，狗葬者奴婢百餘人。更立男王，國中不服，更相誅殺，當時殺千餘人。復立卑彌呼宗女壹與，年十三為王，國中遂定。政等以檄告喻壹與，壹與遣倭大夫率善中郎將等二十人送政等還，因詣臺，獻上男女生口三十人，貢白珠五千，孔青大句珠二枚，異文雜錦二十匹。

　正始元年：正始は魏齊王曹芳年号になります。曹芳の父親も「疑為任城王曹楷」と疑われています。弓尊と言えば卑弥弓呼になります。

　斉王と言えば適当な言葉に感じてしまいますが、歴代中国史には斉王が多くいて中国歴史上の斉王は78人が斉王だと名乗っています。

　中田氏12人，朝氏2人，劉氏16人，曹氏1人，孫氏2人，司馬氏2人，段氏1人，拓跋（元）氏2人，封氏1人，王氏2人，蕭氏5人，高氏2人，宇文氏1人，楊氏1人，張氏3人，薛氏1人，李氏7人，徐氏1人，石氏3人，安氏1人，趙氏2人，耶律氏1人，完顏氏1人，朱氏1人，蒙古族5人。初めは戦国時代斉威王が名乗り、その後334年の間続きます。

　斉王の中に封氏の名前が見られます。兎に角にも状況証拠を集めます。

伊聲耆（Yī shēng qí）の名前が見えます。発音から伊志冶（息長宿禰）ではないか？　この後に景行天皇、成務天皇、仲哀天皇、応仁天皇と四代仕えた成務天皇と同じ年の武内宿禰と続きます。

　載斯、烏越は中国で出版された三国志は漢字の物語も地名、人名も羅列です。だから地名、人名が分かり難いので地名、人名に付箋を引いています。載斯（Zài sī・Saiki）現大分県佐伯（Zuǒbó・Saeki）地方が中国、日本の発声が似て聞こえます。豊後国風土記では早見郡の記述が在ります。

　景行天皇が球磨贈退治に周防の国沙婆津から海部郡宮浦に着きますと出迎えた女性。於此村、有女人。名曰早津媛。為其処長。即。聞天皇行幸、……後人、改曰早見郡。女性は俾弥呼（倭姫）で宮浦は現在の別府湾です、早見郡は別府の南ですが別府の南も古代は早見郡に入っていました。

　佐伯で可笑しく無いと思いますが、海部郡には、此郡百姓、並海辺白水郎也。因白海部郡。丹姓郡。昔時之人、取此山沙。因曰丹生郷。佐尉郷。此郡旧名、酒井。今謂佐尉郷者、訛也。

　白水朗は福建省の水上生活者と説明されていますが、白水県から来た人で古代は閩越で黄河西の華夏族の越の人々です。此地の上流は切り立った岩山で棚田しか出来ません。棚田の話なら宇和島の棚田が有名です。佐伯ならば郡の南に在ります。四国の宇和島なら中国の北西に烏孫国と豊後水道に面する九州の北国と四国の面する国と同族だという話もあります。越は早見郡の北、現在の福岡が入ります。福岡県の気比遺跡は大倭に、お米を中心に、此処筑紫平野で出来た産物を運ぶ為の倉庫群で烏越の烏は烏垣から来た人です。劉夫人一行も烏丸の爰の人達です。福岡には早良遺跡もあります。紀元前二世紀ごろから中国大陸の皇族を中心に集団で渡って来ていますからこの事は日本人の遠祖は縄文人で無くて渡来人だと証すことが出来ますし、原住民と渡来人が共に暮らすことはありません。

　三国志巻三十二　蜀書二　先住傳第二から。

先主走青州。青州刺史袁譚、先主故茂才也、將步騎迎先主。先主隨譚到平原，譚馳使白紹。紹遣將道路奉迎，身去鄴二百里，與先主相見。駐月餘日、所失亡士卒稍稍來集。曹公與袁紹相拒於官渡、汝南黃巾劉闢等叛曹公應紹。紹遣先主將兵與闢等略許下。關羽亡歸先主。曹公遣曹仁將兵擊先主、先主還紹軍、陰欲離紹、說紹南連荊州牧劉表。紹遣先主將本兵復至汝南、賊龔都等合，衆數千人。曹公遣蔡陽擊之，為先主所殺。

先住（劉備）は青州に赴く。青州の刺史（知事）は袁譚、先住は随って茂才（光武帝劉秀）也、将は（馬）に乗って先住を迎える。先住は譚に従い平原に至る、譚は何も思わず袁紹に使いを馳せる、紹は将を遣わし道で奉迎（お世辞を言う）する、自ら鄴（古代の地名、現在の河南省安陽の北）を去る二百里、先住は合う。一月餘居する、亡くなって失った兵士をぼちぼち集めよう。曹公は袁紹に相談したが拒否され官渡で戦う、汝南（河南省駐馬店市下轄県）の黃巾（東漢末年に張角［? ～ 184 年］に依って導かれた農民反乱軍）劉闢（東漢末年黃巾の反乱軍を導いた、黃巾軍將領、黃巾の乱の後、劉備に仕える、劉備は汝南の将として譲ります）等叛逆する曹公と應紹（汝南頓人（現代の河南項城）に反逆します。應紹を先主は将兵や君主等が後退するのを少し許します。關羽を亡くし先住は帰ります。

曹操は劉備に曹仁（曹仁［168 ～ 223 年 5 月 6 日］，別名子孝，沛國譙県［現在の安徽亳州］人、漢末三国時代曹魏の名将、魏武帝曹操の従弟、陳穆侯曹熾の子）の将と兵を追撃させる。劉備は應紹軍を還す、應紹は陰謀を離す、應紹は南連荊州の牧（数をさす）を劉表（142 年～ 208 年）、別名景升、山陽郡高平県（今山東微山）人。東漢末年宗室、名士、軍閥、漢末群雄の一、西漢魯恭王劉餘の後）に説明する。先主（劉備）は應紹に将軍と兵を汝南に戻すように遣わす、賊龔（東漢末年の黃巾軍首領の一人、活動範囲は汝南［治今河南上蔡西南］一帯。建安六年［201］）集合する、衆は数千人。

曹公は蔡陽（［? ～ 201 年］、又は蔡陽、東漢丞相曹操の部下で武将、汝南太守）を遣わしこれを撃破する、先主はこの処を殲滅する。

劉備（先主）が青州の袁譚を訪ねて歓迎されますが、しかし何故か。

袁譚を訪ねて歓迎された意味は分かり難いですが同じ中山の袁譚の后の文夫人なら年齢も若く劉備が様子を伺い、外敵の攻撃は無いのかと尋ねても頷けます。袁譚は烏垣の爰の人です。筋としては袁紹に会うべきですが、先主は態々長い旅をして１月余り逗留するのは素朴な疑問が湧いてきます。

　劉封の日本での暮らしを探せば先代旧事本記の先代舊事〟序　巻第一神代本記　神代系統にも記載されています。

伊奘諾伊弉冉二俱テ曰ク巳生大

八州及山川草木何不レ生ニ天ノ下。之　主　者

先ヲ生ニ日神ニ号曰ニ大日霊貴ニ尊　天照

太神要ニ大日ニ倭ニ此子ノ光　華　明微於六

合之内ニニ故ニ神喜曰吾息雖ニ多末レ有ニ

若此異霊之兒ニ不レ宣ニ久留ニ此ノ國ニ自當

送ニ干天一ニ而授ニ天上之事是ノ時天

地相去未レ遠故以ニ天柱ニ奉送ニ於天井ニ

矣

次生ニ月神ニ號曰ニ月讀尊ニ亦ハ云月夜見亦

月弓其光綵亞レ日ニ可ニ以配レ日而治ニ故奉

レ送ニ干天ニニ

　先代旧事本記は古事記や日本書紀と同等に扱われていましたが、記紀に比べれば内容が違うため異端の書として扱われ正統性が認められなかったと云われています。この事がかえって旧文を見落とす結果になって、後には記紀よりこの時代の事件は先代旧事本記の記載されている古代史や風土記に記載された文章が良く分かります。古い時代の文字を記紀では文字を変え漢字の意味が理解出来なくなっていますから漢字で書、かれても日本語化すれば読みの発音が違います。相手に伝えたい内容が違っていて、それ故に２世紀の世界は記紀から古代史を理解する事

は不可能ですが、それでも細かく見れば旧事記の文章では月讀尊を月弓と説明をしています。

次生＿素戔烏尊
　此尊可ﾚ治＿天下＿而此神　勇^{イサミ}　悍^{イオリ}以忍₁安^{モノジ　ノキ}
　且常以＿哭泣^{マタツネ ニ}為ﾚ行^{ナキイサ　ル　ワザ ト}故令＿國ﾉ＿　内　人民＿以^{オホムタカラ}

と続きます。

　素戔烏（Sù jiān wū）と云う文字を訳しますと素は地味である・無地である、戔は少ない・僅かである、烏は烏丸・烏垣の人、旧事記では買尊も載っています。古事記、日本書記は素盞鳴（Sù zhǎnwū）です、中国語も現代は素盞鳴です。この文字から中国の人は素盞鳴を読み解く事は出来ません。

　古代は買と云う文字は賣でも売でも同じ扱いで書かれていますが、方言と同じで時代や場所に依って使い方が違っていたし、わからない文章は有ったはずです。文字の使い方、本来の文章が書かれていたと思われる Page の少なさ、文章も書く人によって表現の違い、文字も時代で違ってきます。漢字で無い漢字、周前周末の漢字と漢以外の国で作られた漢字、古代の漢字を読み解くのはなかなか手ごわい漢字（Hànzì）と云う相手です。

第三章

俾弥呼

騒がしい、騒々しい、衣装を抱えた数人の女官が文の屋敷に駆け込んできた。女官達は文に「着替えなくては」「早く！早く！」と着物を取り変えさせ、文の髪も崩して女官が結い直し、目立たない百姓衣装の姿に変えました。

譚に嫁いで来たが未だに日も浅く何年も暮らしている訳でなく屋敷の暮らしすら分かっていなかった。女官達も為すが儘で屋敷を出ると買も童女の着物姿に着替えている、すっかり買とは解らない童女になっていた。

多くの人々が逃げ惑う群れに混じって女官と共に文も買も脱出できた。逃げ惑う人の群れに混じり其のまま周囲にとけこみ逃亡を続けていた、誰も口は利かないが剣を隠して持つ女官もいる。文は分からぬままに成都を後にした。伯父袁紹の住む烏垣爰殿までの二百五十里以上の長旅は追手も無く、烏丸に着くと途中まで袁紹が遣わした兵に守られて烏垣の屋敷に着いたが疲労が酷かった。そこには妹の甄が迎えてくれて嬉しかった「如何なっているの？」と文が尋ねた。甄の夫、熙が「董卓が宮殿を襲ったようだ」既に熙の父袁紹は全てを承知していた。屋敷の周囲も騒然としている、何が起こっても不思議ではない異様な雰囲気の中で袁紹の屋敷の一夜が終わった。

袁紹が女官に事の顛末を話している。「私の兄の袁基は襲われて命を無くした。譚の様子は解らないが兵士が城を取り囲んでいるから脱出するのは安易ではないし城兵も戦っている。甥の譚が父を見捨てるわけは

ない、必ず父を守っているはずだ、無事なら好いが？」と女官達に伝え
た。袁紹は文には「此処なら安心だ、心配しないで良い」と云うだけ
だ。袁紹は譚の幼妻、文に話しても不安になるだけだと思って事の顛末
を云えなかった。

　袁紹の屋敷の暮らしは妹や同じ年ごろの妹夫（mèi fū）の熙や尚も居
て楽しく暮らし、夫の安否すら気に掛けず云われるままに過ごしまし
た。

　袁紹の兄袁基が宮殿で殺されて伯父の袁紹が烏垣の地で挙兵します
と、袁紹の后の劉夫人の父親が袁紹に烏垣の一切の支配を委ねます。

　挙兵した兵士が文の目の前から消えてから、数ヵ月後に女性を沢山連
れて還って来た。連れて還って来た女性と文は刺史と成って青州に赴き
ます。烏垣では連れてきた女性や文と行動を共にした女官達の居場所が
無いので青州に送りだされたと云う話です。青州の暮らしは文と買には
様々な事故が有っても日々の暮らしは楽しかったし、文と買には思い出
の地です。様子を見に兵士を連れて劉備も訪ねてくれ、一月余り滞在し
てくれました。

　愈々騒がしく、文に袁紹は「次の戦いに出陣するように、恐れる事は
無い私に就けば良い、兵士も守りを固める」と伝え出陣の用意を促しま
す。乗馬用の軽鎧に剣を持ち形は出来ました。統率者は袁紹です。戦闘
部隊の別部隊で位は幕府長史と其の部隊の長で兵士は女兵士です。この
後に残留女兵士と倭に行くとは思ってもいません。文は袁紹の横に並ん
で進軍しました。文が十五才の出来事です。袁譚が亡くなった袁基の弟、
袁紹では挙兵が難しい。袁基の長男が健在だ、と云う意思表示が目的で
す。袁紹は六万の軍勢を連れて官渡で布陣しました。二百年の出来事で
す。

　対する曹操は二万の軍勢です。曹操と袁紹の話は長くて答が出ません。
成都を譲れと云う大軍を率いる袁紹に、他なら良いが成都は魏の昔から
の土地、曹操は譲れません。既に曹操は別働隊を袁紹の留守の本陣に向

かわせます。この戦いは確実に勝戦と思っている本陣に残った兵は本軍を出した後に酒を飲み、留守を預かる数人は酔って寝ている有り様、曹操の別働隊は本陣に向けて火矢を放ち本陣を焼き撃ちすると、驚いた本陣兵士は逃げるのに必死で戦う意欲は有りません。焼き打ちされた本陣から連絡が入ると袁紹は慌てます。曹操の別働隊でなく、背後から曹操の援軍が来た、とこの儘では袁紹軍は挟み内にされる。部隊は戦えないと軍師や将軍が袁紹に進言します。既に報を聞いた多くの兵士はばらばらになって逃亡してしまいます。収まりつかず曹操は袁紹に此処冀州を、譚に成り変わった文に刺史をするように提案し、袁紹は了解し<u>文</u>を置いて三万の軍勢を連れて袁紹は烏垣に還ります。袁紹が占有した冀州を<u>文</u>に任せる、文に<u>曹操</u>は息子の誰かを冀州の刺史にして<u>文</u>を后に迎える、これなら袁紹も納得してくれます。後は協力してくれると考えました。……が、筋書き通りに行きません。

　袁紹は烏垣に還ってから病に倒れてしまいます。曹操は盟友の袁紹が倒れてから計画の練り直しをします。官渡の戦いで敗れた袁紹は病に倒れたのち202年に亡くなりました。亡くなる前に<u>曹操</u>の息子の丕は北伐の前に文の妹で熙の嫁の<u>昭瓶</u>を連れだします。亡くなった<u>袁紹</u>を曹操は丁重に弔い墓陵まで造ります。夫の墓前で劉は泣き崩れます。<u>曹操</u>は宝物やこれから先の必需品を<u>劉</u>に与えます。それから袁紹一族は三年の間、喪に伏します。喪が明けたのは205年です。烏垣には袁紹に支配権を譲った袁紹の后劉夫人の父親の蹋頓（Tà dùn）が居ます。207年の曹操の北伐時に抵抗しますが蹋頓は敗れます。曹操の北伐で熙と尚も追われ北上し小柳城に逃げ込みますが、城を囲んだ曹操の兵は１カ所２人の逃亡が出来るように配慮します。闇夜に脱出した熙と尚は南下して倭に向かいますが途中で公孫瓚（Gōngsūnzàn）の息子に捕らえられ命を落とします。袁紹に滅ぼされた父の敵討ですが曹操は予期していません、無念でした。烏垣を後に劉、文、買、女性、女兵で渤海湾の西南の岬から多くの人と荷を積んだ船が友綱を解き周航します。このとき劉は三十前後、文は二十前後、買は十四才、船は春分に出たなら鮒影は変わらず

進むと（서울 임진강［Sōru, imu jinga］）に着きます。朝鮮半島の西側を南下して倭に来ます。松浦湾に数隻の船は停泊し倭の大王の部下？の連絡を待ち、使者の指示に従い有明海に入り早津江川を北上して船は早津江川の汐止まりで停泊して上陸に備えます。多くの荷物を運ぶには陸路は安全も含めて短い道路を使います。

　停泊した処は吉野です。陸上で暮らす者はΠａｏ（パオ）を造って暮らし宮殿を造ります。他は宮殿が出来るまでは船で暮らします。戦いで連れてきた夫人は越の部落の米造りを手伝うので各戸の家に分散しました。大王は女兵士を認めますが男兵士は認めません。その事件がある都度に大王が軍隊を連れてきて成敗します。そして、文は大王に身を委ねます。文と大王の初めての御子は伊志冶（Ишижи・Ishiji）が播磨国の印南別媛に預けます。景行天皇と印南別媛の御子が仲哀天皇で大碓、文と景行天皇の御子は武で小碓と双子で印南別媛が育てます。其の後に武の妹に為る豊が生れますが、直ぐに伊志冶が引き取り育てます。文が子供を育てる事を大王は許しません。大王には多くの后が居ますが、其の御子達が成人してから各部族が皇位継承を目指す争いが始まります。

　景行天皇は文の勢力を嫌い播磨の国より遠い穴戸の居住地に大碓と豊を移します。大碓と文の娘の童女豊と播磨の国から穴戸に渡り八年の間、穴戸で暮らし二人が年頃になり結ばれます。大王は亡くなり成務天皇が国を治めました。しかし、皇位継承は益々激しく倭国は混乱致しました。この混乱を収めたのは大碓、仲哀天皇でした。後ろで援護したのは文です。文には烏垣から倭に渡った時に袁紹夫人劉が持って来た十分な資金が有ります。豊と仲哀天皇の二人に御子が出来ます。仲哀天皇が球磨曾退治で出陣し流れ矢を受けて亡くなり、豊は御遺体を伊志冶が居る播磨の国に移し棺の場所は大和に知れては困りますから、高砂の宝殿石でなく徳島の羽賀のあじ石で造ります。大和から仲哀天皇の御子の麛坂兄弟が播磨の国に御遺体を渡せと遣ってきました。豊は播磨の国で麛坂兄弟の軍勢を待ち受けます。文は挙兵します。武内宿禰も支援します。軍資金は曹操から貰った倭に渡る途中に隠した宝物、文に従うものに三韓か

ら奪った宝物と吹聴し配ります。文はこの様子を「米粒で年魚を釣った」
と云っていますが、年魚は秋口に汽水域の河に来るハゼです。ダボハゼ
はどのような餌でも食いつくので文はこれで皆を味方につけ揶揄してい
ます。

　麛坂兄弟にしてみれば、まさかの予想外の展開です、逆に播磨から追
われ滋賀で敗れます。後は幼帝の応仁天皇を立てるだけです。文の役目
は終わりましたが、吉野と筑紫平野に災害が襲います。劉と多くの犠牲
者を出し倭に渡り各地の里に住む多くの女性達によって災害で崩れた建
物に死者の後始末と被災者と劉の葬儀も済ませ、この後、文は買を連れ
共に宮浦から鳥羽へ伊勢に居を移しますが詳しく分かりません。何時ま
でも倭に居ても仕方がないと郭と斉王の封が文に魏に帰って来いと伝え
ます。劉と買も亡くし武もいない倭の暮らしも意味が無くなり「魏に帰
ろう」文は魏の姉妹の元に帰ります。船が陸を離れると見送る豊が泣き
崩れます、倭に渡る前に夫の墓の前で泣き崩れる劉夫人を思い出し、今
までこらえていた涙が一粒一粒、思い出をのせて頬を伝い海に落ちて過
ぎた日々は流れて行きました。

第四章

小さな社

古代から日本人の故郷の皇大神宮、お伊勢さんと親しまれている社に少し小さな社が多くの社に混じって二つ有り倭姫と斉王尊をお祀りしています。日本人は家に村にと必ず神様をお祀りしてきました。神様に人々の力の及ばぬ世界の災難、禍を避ける力を人々が求め、祈り捧げ救いを求めます。自然災害を免れた良き年なら神様に感謝の御礼、御祝をして共度に喜びを頂きます。大きな寺社にも寺社を守って頂く小さな社が有り、寺社、寺社を尋ねる人々を温かく見守っています。

お寺は自然界では無く人間界の災難や禍をさける為、あらゆる教えを人々に布教をします。人々の願いではどうにもならぬ自然界と、どうにでもなる人間界を分けて教える日本人は稀有な素晴らしい民族です。

内外宮に鎮座する二つの少し小さな社は、斎王劉封と倭姫文が祀られています。劉夫人、須盞鳴、倭健、壹興を倭に残し二人の終わりは曹魏に還ります。遠い方の亜細亜大陸から豊受大神宮の祭神豊受媛を見守っています。日本の亜細亜大陸の故郷の話を辿れば至高で崇高な話です。

日本人の祖の一つ、胡が初めた八道から鬼道に、鬼道は六道に似ていると言われています。六道は天、空、夜叉、地獄道、我鬼道、畜生道と六の教えですが、ここに他に様々な諸説が有するのは歴史が物語っています。倭では先の天、空、夜叉、夜叉は自然現象による太陽の恵みや地震、風水害の災害を受ける、その教えは神道に近く地獄、我鬼、畜生道が仏教に結びつきます。これ等の教えの初めを古代は倶生と称しています。倶生を唐から学びに来ます。日本の国は唐の仏教も学び多くの修道

者の御苦労で日本の仏教の形を創り布教をされました。神道は自然災害で村を捨てて新しい土地に辿りついた人々が、先ず自然災害から村を守る、新たな豊さを求め神様を祀ります。特別な話ではありません。争いも無く実に良く考えられた宗教（一族の教え）です。宗教の先進国が日本の国と云えば、どう答えますか？

　神風の伊勢と仰がれた至高の宮居の話等は私にはおこがましく恐れ多い事ですが、皇大神宮に天皇の祖、皇大神が祀られております。外宮の豊受大神宮は大神に神饌を供進する大社と云われていますが、豊受大神宮は仲哀天皇の妃の豊受媛・神宮皇后・息長帯姫命で皇祖をお守りする役目を自ら背負う覚悟の心が良く分かります。これが国の始まりと捉えたでしょう。

　皇大神の所属神社の別宮には荒祭宮、月読宮と月読荒魂宮、伊佐奈岐宮と伊佐奈彌宮、風日別祈宮、瀧原宮、瀧原並宮、伊雑宮、倭姫宮の八社が有ります。あと摂社は二十四社、末社は十六社、所官社は十四社を数え、皇大神宮の分祀社は神明社と言われています。

　此処でも月読荒魂宮の名が表すように劉封の勇猛な表現が為されています。

　神武とは書き言葉で英明なとか武勇を備えていると云う意味ですが、それ以外には帝王、宰相、将軍等をたたえる時に神武を使ったりしています。

　「昔三祖神武聖徳　應天受祚。」……日本で良く耳にします。

　卑弥呼は中国の古代漢語文でビミフと読みます。意味は媛と呼んでいる。初めの一人は袁紹の妃の劉夫人で名前は分りません。卑弥呼と名を伏せた劉夫人を助けた夫袁譚の姿に変わり、同じく名を伏せ俾弥呼と呼ばせた倭姫は文で、次の文字は瓶で名前は■残った名ではないか、または蜜と考え、文と瓶の後にもう一文字が来ます。結果の答えは全て終わった卑弥弓呼と俾弥呼は倭国から文瓶姉妹のいる曹魏に渡り、この地で亡くなった劉夫人と買を残して魏に還ります。卑弥弓呼は元の劉封を伏せ、曹魏の四代目斉王別名曹芳を名乗ります。倭姫と言えば十一代垂仁天皇

の皇女と言われていますが、神宮皇后との関係も無く倭の文字はあくまで倭であって何一つ共通性がありません。

　倭健の母親は俾弥呼（媛と呼ばれた文瓶夫人、播磨国風土記では比売、記紀では爰女人）です、200年代の話ですから垂仁天皇の皇女では年代が合いません。もし皇女のお子なら何故、倭武を印南別媛に預けたのか？　壹與（豊、息長帯姫、神宮皇后）を息長宿禰が育てたのか？　それは考えられないでしょう。俾弥呼（倭姫）は倭武の母親だから我が子の身を案じて草薙の剣を持たせたのですが、既に父親景行天皇から死を賜り母にも事情を伝えずに母から授かった剣を我が家に置き伊吹山に赴きました。

第五章

諸葛亮傳

　　劉備、諸葛亮、赤壁の戦いと言えば誰でも三国志と答えますが、日本で云われている話は三国演義の話が普通です。史記、漢書、後漢書、三国志、四史の三国志では諸葛亮は如何書かれているのか覗いてみます。

三国志巻三十五　　　　　　　　　　　　　　　　　蜀書五
諸葛亮傳第五
諸葛亮字孔明，琅邪陽都人也。漢司隷校尉諸葛豐後也。父珪，字君貢，漢末為太山郡丞。亮早孤，從父玄為袁術所署豫章太守，玄將亮及亮弟均之官。會漢朝更選朱皓代玄。玄素與荊州牧劉表有舊，往依之。（一）玄卒，亮躬耕隴畝，好為梁父吟。（二）身長八尺，每自比於管仲、樂毅，時人莫之許也。惟與亮友善，謂為信然。（三）

　　諸葛亮（Zhūgéliàng）別名 孔明、今の山東省臨沂市沂南県磚埠鎮黄瞳村一帯の名門望族の人也。旧名は舊號臥虎、是は首都（中央）と漢から魏晋の周辺地方の監察官の諸葛豐（別名少季、瑯琊諸県（山東諸城）の人、西漢官員、三國時代の著名政治家、軍事家の諸葛亮の先祖）の後也。父は珪別名は君貢（諸葛珪 Zhūgé guī）漢末の太山郡の丞相を為す。亮は孤独だ、伯父の玄為す袁術の区域の所や署の太守、将亮は伯父の玄及び亮の弟官の均、漢朝（紀元前 202 年～紀元 220 年）秦朝後を継いだ統一王朝、その後に西漢と東漢に分れます、其の徐気は 29 の帝がいました）で会う、更に玄の代わり朱皓（約 156 ～ 195 年）字文明、會稽上虞（今浙江紹興上虞）人。漢豫章太守。

父朱儁）を選ぶ。玄は素速く劉表の古い荊州の牧草地を興して、此処に住む。^{（一）}玄卒、亮は長い畝の田を耕す、梁父吟（漢楽府詩・諸葛亮［存在が疑われている］創作の一首樂府）を好む、^{（二）}身長八尺、自ら管仲、樂毅と個々に比べると、決してそうでない。だが亮は仲の好い友と興し、云い忠実に為す。^{（三）}

（一）獻帝春秋曰：初，豫章太守週術病卒，劉表上諸葛玄為豫章太守，治南昌。漢朝聞周術死，遣朱皓代玄。皓從揚州刺史劉繇求兵擊玄，玄退屯西城，皓入南昌。建安二年正月，西城民反，殺玄，送首詣繇。此書所云，與本傳不同。

（二）漢晉春秋曰：亮家於南陽之鄧縣，在襄陽城西二十里，號曰隆中。

（三）按崔氏譜：州平，太尉烈子，均之弟也。魏略曰：亮在荊州，以建安初與潁石廣元、徐元直、汝南孟公威等俱遊學，三人務於精熟，而亮獨觀其大略。每晨夜從容，常抱膝長嘯，而謂三人曰：「卿三人仕進可至刺史郡守也。」三人問其所至，亮但笑而不言。後公威思鄉里，欲北歸，亮謂之曰：「中國饒士大夫，遨遊何必故鄉邪！」臣松之以為魏略此言，謂諸葛亮為公威計者可也，若謂兼為己言，可謂未達其心矣。老氏稱知人者智，自知者明，凡在賢達之流，固必兼而有焉。以諸葛亮之鑑識，豈不能自審其分乎？夫其高吟俟時，情見乎言，志氣所存，既已定於其始矣。若使遊步中華，騁其龍光，豈夫多士所能沈翳哉！委質魏氏，展其器能，誠非陳長文、司馬仲達所能頡頏，而況於餘哉！苟不患功業不就，道之不行，雖志恢宇宙而終不北向者，蓋以權禦已移，漢祚將傾，方將翊贊宗傑，以興微繼絕克復為己任故也。豈其區區利在邊鄙而已乎！此相如所謂「鶤鵬已翔於遼廓，而羅者猶視於藪澤」者矣。公威名建，在魏亦貴達。

時先主屯新野。徐庶見先主，先主器之，謂先主曰「諸葛孔明者，臥龍也，將軍豈願見之乎？」（一）先主曰：「君與俱來。」庶曰：「此人可就見，不可屈致也。將軍宜枉駕顧之。」由是先主遂詣亮，凡三往，乃見。因屏人曰：「漢室傾頹，奸臣竊命，主上蒙塵。孤不度德量力，欲信大義於天下，

而智術淺短, 遂用猖（獗）[蹶], 至於今日。然志猶未已, 君謂計將安出？」
亮答曰：「自董卓已來, 豪傑並起, 跨州連郡者不可勝數。曹操比於袁紹,
則名微而衆寡, 然操遂能克紹, 以弱為強者, 非惟天時, 抑亦人謀也。今
操已擁百萬之衆, 挾天子而令諸侯, 此誠不可與爭鋒。孫權據有江東, 已
歷三世, 國險而民附, 賢能為之用, 此可以為援而不可圖也。荊州北據漢、
沔, 利盡南海, 東連吳會, 西通巴、蜀, 此用武之國, 而其主不能守, 此
殆天所以資將軍, 將軍豈有意乎？益州險塞, 沃野千里, 天府之土, 高祖
因之以成帝業。劉璋闇弱, 張魯在北, 民殷國富而不知存卹, 智能之士思
得明君。將軍既帝室之胄, 信義著於四海, 總攬英雄, 思賢如渴, 若跨有荊、
益, 保其岩阻, 西和諸戎, 南撫夷越, 外結好孫權, 內脩政理；天下有變,
則命一上將將荊州之軍以向宛、洛, 將軍身率益州之衆出於秦川, 百姓孰
敢不簞食壺漿以迎將軍者乎？誠如是, 則霸業可成, 漢室可興矣。「先主曰：
「善！」於是與亮情好日密。關羽、張飛等不悅, 先主解之曰：「孤之有孔
明, 猶魚之有水也。願諸君勿複言。」羽、飛乃止。（二）

　　時に先生は新野に駐屯する、先主は徐庶（（？～約230年代）別名元直、
穎川人（今は河南禹州）。東漢末年劉備の謀士、後に曹操に復帰する）と会う、先
主はこの人物の器を知る、謂、先主は云う「諸葛孔明という者は、諸葛
亮也、將軍は知りたいか？」（一）先主は日：「君は何時でも、來れる。」
庶日：「此人に会えます、そしてまた揺るぎ無い。將軍其れは無駄だ。」
沿って先主は遂に亮に詣でる、凡そ三度尋ね再び逢う。因屏人（身長八尺,
管仲か樂毅）：「天下の漢朝も落ち込んでいる、危ない大臣、主に着く埃。
孤独で力量もないが、欲いえば天下の大義を信じること、而るに智術は
淺さく少ない、遂にそこでたけり狂う（獗）[蹶]、於いて今日まで至る。
まだ然る怒れる心を秘めている、將は計画は決着しますか？」亮答えて
日：「自から董卓は来る、豪傑並び起きる、州を越えて郡に入れば無数
の人々がいるが負は分からない。　……（獗）[蹶]は猖と同じ。
　　未だに志は燃えている、將の計画は安全か？」亮答曰：「自ら董卓は
来た、豪傑が二人揃った、跨州連郡者の不可な数に耐えられる。

袁紹に比べると曹操に於ける、名前も少なく而衆は寡婦、然るに曹は遂に紹に勝てた、以って強者も弱者を為す、それだけでは無い、人の謀りごとも亦抑える也。今、操は百萬の衆が擁護している、皇帝は而に諸侯を頼り命じる、此誠実さは争いを興すのは出来ない。孫権は拠ると江東にいる、三世の生涯、国が危ない而に民に寄りつく、之を用いるのは可能だ、この可能なこと以って為しても国の先は見えない也。荊州の北は漢がある、沔（今漢江）は南シナ海に利益をもたらす、東連路上村の呉に會に、西を通る、蜀、此は武力の国、而に其の主は守れない、この将軍は殆ど資格ない、将軍の普通の意味は？　益州を危険から防御する、肥沃な原野千里、天から授かった土、高祖は之以って帝に成る。劉璋は少々弱い、張魯は在北、民殷國は富がある而に憂鬱なことを知らない、智能ある明君は之志を知る。将軍は既に帝室で之冑を着用、世界に於ける信義の著、全てに称賛される英雄、切に賢く思うと云う、橋が有れば、有益、其の岩が阻み保護する、諸の西戎と和解する、南の夷越はなぐさめる、外の孫権と結ぶ好機だ、内部の政治：天下は変わった、その後は将軍の軍は荊州宛てに向かう、洛河、将軍自身が率いて益州に之大衆が迎える秦川に於いて迎える、百姓は酒茶の接待をあえてしない以って将軍はなぜ？　是は誠の如く、支配が達成する、漢室（漢朝天下を示す）を興す矣（強い意志）。「先主曰：「吉！」是に於ける亮密かに思う。關羽、張飛等不愉快、先主曰之を解く：「孔明は父がいない、まだ魚に水がいる。諸君繰り返さない。」羽が飛ぶのを再び止める。（二）

（一）襄陽記曰：劉備訪世事於司馬德操。德操曰："儒生俗士，豈識時務？識時務

　者在乎俊傑。此間自有伏龍、鳳雛。"備問為誰，曰："諸葛孔明、龐士元也。」

（二）魏略曰：劉備屯於樊城。是時曹公方定河北，亮知荊州次當受敵，而劉表性緩，不曉軍事。亮乃北行見備，備與亮非舊，又以其年少，以諸生意待之。坐集既畢，衆賓皆去，而亮獨留，備亦不問其所欲言。備性好

結毦，時適有人以髦牛尾與備者，備因手自結之。亮乃進曰："明將軍當複有遠志，但結毦而已邪！"備知亮非常人也，乃投毦而答曰：「是何言與！我聊以忘憂耳。」亮遂言曰：「將軍度劉鎮南孰與曹公邪？」備曰：「不及。」亮又曰：「將軍自度何如也？」備曰：「亦不如。」曰：「今皆不及，而將軍之眾不過數千人，以此待敵，得無非計乎！」備曰：「我亦愁之，當若之何？」亮曰：「今荊州非少人也，而著籍者寡，平居發調，則人心不悅；可語鎮南，令國中凡有遊戶，皆使自實，因錄以益眾可也。」備從其計，故眾遂強。備由此知亮有英略，乃以上客禮之。九州春秋所言亦如之。臣松之以為亮表云「先帝不以臣卑鄙，猥自枉屈，三顧臣於草廬之中，諮臣以當世之事」，則非亮先詣備，明矣。雖聞見異辭，各生彼此，然乖背至是，亦良為可怪。

劉表長子琦，亦深器亮。表受後妻之言，愛少子琮，不悅於琦。琦每欲與亮謀自安之術，亮輒拒塞，未與處畫。琦乃將亮遊觀後園，共上高樓，飲宴之間，令人去梯，因謂亮曰：「今日上不至天，下不至地，言出子口，入於吾耳，可以言未？」亮答曰：「君不見申生在內而危，重耳在外而安乎？」琦意感悟，陰規出計。會黃祖死，得出，遂為江夏太守。俄而表卒，琮聞曹公來徵，遣使請降。先主在樊聞之，率其眾南行，亮與徐庶並從，為曹公所追破，獲庶母。庶辭先主而指其心曰：「本欲與將軍共圖王霸之業者，以此方寸之地也。今已失老母，方寸亂矣，無益於事，請從此別。」遂詣曹公。（一）

（一）魏略曰：庶先名福，本單家子，少好任俠擊劍。中平末，嘗為人報讎，白堊突日文文字的數量太多面，被髮而走，為吏所得，問其姓字，閉口不言。吏乃於車上立柱維磔之，擊鼓以令於市鄽，莫敢識者，而其黨伍共篡解之，得脫。於是感激，棄其刀戟，更疏巾單衣，折節學問。始詣精舍，諸生聞其前作賊，不肯與共止。福乃卑躬早起，常獨掃除，動靜先意，聽習經業，義理精熟。遂與同郡石韜相親愛。初平中，中州兵起，乃與韜南客荊州，到，又與諸葛亮特相善。及荊州內附，孔明與劉備相隨去，福與韜俱來北。至黃初中，韜仕歷郡守、典農校尉，福至右中郎將、御史

中丞。逮大和中，諸葛亮出隴右，聞元直、廣元仕財如此，歎曰："魏殊多士邪！何彼二人不見用乎？"庶後數年病卒，有碑在彭城，今猶存焉。

劉表の長男は琦、亦に深い器の亮。会った後妻が之を言う、愛し我が子琮、琦は不機嫌。琦は全ての欲望を亮は謀りごとから身を守る術、亮はくず、いまだに場所は書かれていない。琦は再び將亮の周りをながめたのち、共に高樓に上る、飲宴の間、良い人は梯から去る、なぜなら亮曰：「今日天まで上がり、地まで下がる、言出す子口（入れ物の蓋と接するとこ）、私の耳に入る、何も言えないのか？ 亮答曰：「君主は危険にさらされていると述べる、重く耳をかたむけ安全を確かめる？」琦はどう感じるか、否定的な計画。黄祖が死に会釈する、推測し、遂に江夏太守に為る。我而突然表に、四川省・湖南省一帯の少数民族から曹公が来て賦税を徴収する、遣いの使者に投降を委ねる。先主は垣根越しに之を聞く、其の衆を南方に引率する、亮は始める徐庶（本命は徐福右中郎将（？～約230年代）、別名元直、穎川人（治今河南禹州））は並べ従う，曹公の地を破り奪う、庶の母も救出する。先主はその心を知り告白する曰：「もって共に同じ考えを共有している王霸（（？～59年），字元伯、漢族、穎川穎陽（今河南許昌西南襄城県）の人、東漢の將領、雲台二十八將の一の強者）將軍を欲する，以て此方を少し之地也。今は老いた母を失う、ここかしこ戦乱矣（矣は前文を強調する）、無益なことだ、請負從がこれは別だ。」遂に詣でる曹公。

先主至於夏口，亮曰：「事急矣，請奉命求救於孫將軍。」時權擁軍在柴桑，觀望成敗，亮說權曰：「海內大亂，將軍起兵據有江東，劉豫州亦收眾漢南，與曹操並爭天下。今操芟夷大難，略已平矣，遂破荊州，威震四海。英雄無所用武，故豫州遁逃至此。將軍量力而處之：若能以吳、越之眾與中國抗衡，不如早與之絕；若不能當，何不案兵束甲，北面而事之！今將軍外託服從之名，而內懷猶豫之計，事急而不斷，禍至無日矣！」權曰：「苟如君言，劉豫州何不遂事之乎？」亮曰：「田橫，齊之壯士耳，猶守義不辱，況劉豫州王室之冑，英才蓋世，衆士慕仰，若水之歸海，若事

之不濟，此乃天也，安能複為之下乎！」權勃然曰：「吾不能舉全吳之地，十萬之衆，受制於人。吾計決矣！非劉豫州莫可以當曹操者，然豫州新敗之後，安能抗此難乎？」亮曰：「豫州軍雖敗於長阪，今戰士還者及關羽水軍精甲萬人，劉琦合江夏戰士亦不下萬人。曹操之衆，遠來疲弊，聞追豫州，輕騎一日一夜行三百餘裡，此所謂'強弩之末，勢不能穿魯縞'者也。故兵法忌之，曰'必蹶上將軍'。且北方之人，不習水戰；又荊州之民附操者，偪兵勢耳，非心服也。今將軍誠能命猛將統兵數万，與豫州協規同力，破操軍必矣。操軍破，必北還，如此則荊、吳之勢強，鼎足之形成矣。成敗之機，在於今日。」權大悅，即遣周瑜、程普、魯肅等水軍三萬，隨亮詣先主，並力拒曹公。（一）曹公敗於赤壁，引軍歸鄴。先主遂收江南，以亮為軍師中郎將，使督零陵、桂陽、長沙三郡，調其賦稅，以充軍實。

先主は夏口（漢水、長江の入江、湖北武漢市武昌）に至る、亮曰：「事は急ぐ」矣、孫將軍は救いを求めた奉命を請ける。時に權擁軍は在柴桑に在る、成敗の成り行きを見る、亮力強く曰：「海内は大亂、將軍と起兵は江東に有る、劉豫州（漢昭烈帝劉備（161～223年6月10日）別名玄德、涿郡涿県（今河北省涿州市）の人、西漢中山靖王劉勝の後に、蜀漢開國の皇帝になる、政治家）而漢南の衆を収める、與曹操と並び天下の争いを興す。蛮族へ曹操が今日の参事の作戦で落ち着いた、これを平定した矣、荊州を遂に破り、四海を武力で抑える。英雄は武力に用は無い、故に豫州に遁逃至此。將軍は出来る而に之處する：若能（左丘明（約公元前502年～約公元前422年）。魯国の附随する、小邾国の人）以って吳、越の衆が蜂起し中國に抵抗し争う、知らないが断絶する；若（古鮮卑族で賀若部の人、賀若氏）は出来ない、兵の防具が不安だ、背中の事が！　今は將軍の名前を外に託して服従する、而に謀り事を内に秘め猶予する、事は急ぐ而不斷、禍には至らない矣！權曰：「白苟の如く君主が言う、劉は問う豫州では何事なのか？」亮曰：「田横（元は齊国の貴族）、齊の良く聞耳、それに正義を守り、快調に劉は豫州の王室で冑を着る、優れた才能、大衆は慕い仰ぐ、もし待っているなら海に帰る、待つ事は不要だ、これ再びの（運命の主宰者）天なり、安

能複が帰ってくる！」權勃然曰：「吾は吳の地を全部開拓出来ない、十萬之衆，人は制定を被る。吾の計は決る矣！　非劉豫州莫可以當曹操者，然豫州新敗之後，安能抗此難乎？」亮曰：「豫州（古代中国の地域名で漢では禹貢と云います。全体で云えば九州の一つ）軍は長阪で敗退する、今戰士は還者及關羽水軍の精鋭、劉琦と会い江夏戰士は亦に下の人は大変。曹操の衆、遠來疲弊、豫州で追われているのを聞く、輕騎一日一夜行三百餘に、ことわざは、強弩によって発射された矢が、最後に穿魯縞（薄い絹）でさえも貫通できないことを意味します、の者也。したがって兵法では避ける、曰、將軍は思う通りいかず苛立つ。

（一）袁子曰：張子佈薦亮於孫權，亮不肯留。人問其故，曰：「孫將軍可謂人主，然觀其度，能賢亮而不能盡亮，吾是以不留。」

臣松之以為袁孝尼著文立論，甚重諸葛之為人，至如此言則失之殊遠。觀亮君臣相遇，可謂希世一時，終始以分，誰能間之？寧有中違斷金，甫懷擇主，設使權盡其量，便當翻然去就乎？葛生行己，豈其然哉！關羽為曹公所獲，遇之甚厚，可謂能盡其用矣，猶義不背本，曾謂孔明之不若云長乎！

（二）零陵先賢傳云：亮時住臨烝。

建安十六年，益州牧劉璋遣法正迎先主，使擊張魯。亮與關羽鎮荊州。先主自葭萌還攻璋，亮與張飛、趙雲等率衆溯江，分定郡縣，與先主共圍成都。成都平，以亮為軍師將軍，署左將軍府事。先主外出，亮常鎮守成都，足食足兵。二十六年，群下勸先主稱尊號，先主未許，亮說曰：「昔吳漢、耿弇等初勸世祖即帝位，世祖辭讓，前後數四，耿純進言曰：'天下英雄喁喁，冀有所望。如不從議者，士大夫各歸求主，無為從公也。'世祖感純言深至，遂然諾之。今曹氏篡漢，天下無主，大王劉氏苗族，紹世而起，今即帝位，乃其宜也。士大夫隨大王久勤苦者，亦欲望尺寸之功如純言耳。」先主於是即帝位，策亮為丞相曰：「朕遭家不造，奉承大統，兢兢業業，不敢康寧，思靖百姓，懼未能綏。於戲！丞相亮其悉朕意，無怠輔

朕之闕，助宣重光，以照明天下，君其勗哉！」亮以丞相録尚書事，假節。
張飛卒後，領司隸校尉。（一）

　建安は漢献帝劉謝の年号、紀元 196 年 1 月〜 220 年 3 月。建安十六
年は紀元 212 年、東漢の政治は曹操に依って支配されていました。益
州牧（益州の最高官史）である劉璋は違法を正しいと先主を迎える、張魯（？
〜 216 か 245 年、別名公祺、漢王朝の終わり分離主義者の支配の武将）使者を撃つ。
亮は與す關羽は荊州を鎮圧する。先主は自から葭萌（古苴侯国、蜀王封の
弟の葭萌が苴侯。現代の四川廣元の西南。三国蜀漢の改名漢壽）に還り攻璋を攻
める、亮は張飛に授ける、溯江の衆を趙雲（？〜 229 年、別名子龍、漢蜀の
名将）等が率いる、郡と県を分割する、先主は成都と共に興す。成都を
平定する、以って亮は軍師將軍に為す。署左（中央政府の部門）將軍の役
人になる。先主は外に打って出る、亮は常に成都を鎮守する、歩兵（十
分な食料、十分な兵がいる）。二十六年（紀元 221 年）、先主に尊號（古代に天
皇と皇后を称えた称号を指します）を群下は勧め稱える、先主は拒否する、
亮が説明するには：「昔の吳漢、耿弇（（3 年〜 58 年）、別名伯昭、扶風茂陵（今
陝西省興平市）人、漢族）等は初めから中国の皇帝に即位した、皇帝は地
位を譲る、前後から四番目、耿純（？〜 37 年、別名伯山、鉅鹿郡宋子県（現
代の河北新河県）の人。東漢開国の將領、雲台二十八將の一人、濟南太守耿艾の子）
進言する：'天下の英雄に喁喁（人々が賞賛するかたちを指す）、持っている
冀州を所望する。議者（交渉役）は不従の如く、士大夫（地位のある役人）各、
主の求めに応じ歸える、従う公（国家、集団に属する）は無為す也。'世
祖の感は純粋で言葉は深くに至る、之遂に約束する。今曹氏は漢を奪う、
天下に主はいない、大王劉氏は苗族（古代民族、東南アジアの老撾（タイ）、
越南、泰国等、の地域）、血統を而に起す、今即帝王に即位する、再び宣言
をする也。苦労した者士大夫（古代の官検）も大王に随い久しく勤める、
亦に望の大きさ之純粋な言葉として聞く。「先主に於ける是即に帝位に
なる、策志亮は丞になる相曰」朕の住居は造られていない、將軍を喜ば
せる、細心の注意を払う、豊かな土地だが敢えてしない、穏やかな恵み

と百姓、失敗の恐れ。於ける戯れ！　丞相の亮が其れは私の意図を知る、意味は無いが私の宮殿だ、助け広め重ねてあらわにする、以って天下に明かりを照らす、君主は其の婿の賛嘆を表す！」亮以って丞相の記録簿に記す、休みの日。張飛の死後、領地の監察官、（旧号臥虎）。（一）

（一）蜀記曰：晉初扶風王駿鎮關中，司馬高平劉寶、長史榮陽桓隰諸官屬士大夫共論諸葛亮，於時譚者多譏亮託身非所，勞困蜀民，力小謀大，不能度德量力。金城郭衝以為亮權智英略，有逾管、晏，功業未濟，論者惑焉，條亮五事隱沒不聞於世者，寶等亦不能複難。扶風王慨然善沖之言。臣松之以為亮之異美，誠所願聞，然沖之所說，實皆可疑，謹隨事難之如左：其一事曰：亮刑法峻急，刻剝百姓，自君子小人咸懷怨嘆。法正諫曰：「昔高祖入關，約法三章，秦民知德，今君假借威力，跨據一州，初有其國，未垂惠撫；且客主之義，宜相降下，願緩刑弛禁，以慰其望。」亮答曰；「君知其一，未知其二。秦以無道，政　苛民怨，匹夫大呼，天下土崩，高祖因之，可以弘濟。劉璋暗弱，自焉已來有累世之恩，文法羈縻，互相承奉，德政不舉，威刑不肅。蜀土人士，專權自恣，君臣之道，漸以陵替；寵之以位，位極則賤，順之以恩，恩竭則慢。所以致弊，實由於此。吾今威之以法，法行則知恩，限之以爵，爵加則知榮；榮恩並濟，上下有節。為治之要，於斯而著。」難曰：案法正在劉主前死，今稱法正諫，則劉主在也。諸葛職為股肱，事歸元首，劉主之世，亮又未領益州，慶賞刑政，不出於己。尋衝所述亮答，專自有其能，有違人臣自處之宜。以亮謙順之體，殆必不然。又云亮刑法峻急，刻剝百姓，未聞善政以刻剝為稱。其二事曰：曹公遣刺客見劉備，方得交接，開論伐魏形勢，甚合備計。稍欲親近，刺者尚未得便會，既而亮入，魏客神色失措。亮因而察之，亦知非常人。須臾，客如廁，備謂亮曰；「向得奇士，足以助君補益。」亮問所在，備曰："起者其人也。"亮徐歎曰：「觀客色動而神懼，視低而忤數，姦形外漏，邪心內藏，必曹氏刺客也。」追之，已越牆而走。難曰：凡為刺客，皆暴虎馮河，死而無悔者也。劉主有知人之鑑，而惑於此客，則此客必一時之奇士也。又語諸葛雲"足以助君補益」，則亦諸葛之流亞也。凡如諸葛之儔，鮮有為

人作刺客者矣，時主亦當惜其器用，必不投之死地也。且此人不死，要應顯達為魏，竟是誰乎？何其寂蔑而無聞！

　章武三年春，先主於永安病篤，召亮於成都，屬以後事，謂亮曰：「君才十倍曹丕，必能安國，終定大事。若嗣子可輔，輔之；如其不才，君可自取。」

　亮涕泣曰："臣敢竭股肱之力，效忠貞之節，繼之以死！」先主又為詔敕後主曰：「汝與丞相從事，事之如父。」（一）建興元年，封亮武鄉侯，開府治事。頃之，又領益州牧。政事無鉅細，咸決於亮。南中諸郡，並皆叛亂，亮以新遭大喪，故未便加兵，且遣使聘吳，因結和親，遂為與國。（二）

　章武三年（三国時代漢昭烈帝劉備の年号(221年4月から 223年4月)春、先主は永安で病気になる、亮は召される、将来の事、謂亮曰：「君子は曹丕の十倍の才能を持っており、国を安定させ、大きな事の決定が出来る。相続人が支援できるときは彼が支援します、都に近いところ：才能が無いときは、君主が自ら取ることは可能です。」亮は涙目で：「大臣が力を誇示します、肝心な時の忠誠心、死ぬことを躊躇しない！」先主は又為皇帝の命令を後主は曰：「汝なす丞相に従うこと、事之如父。」

　（一）孫盛曰：夫杖道扶義，體存信順，然後能匡主濟功，終定大業。語曰弈者舉棋不定猶不勝其偶，況量君之才否而二三其節，可以摧服強鄰囊括四海者乎？備之命亮，亂孰甚焉！世或有謂備欲以固委付之誠，且以一蜀人之志。君子曰，不然；苟所寄忠賢，則不須若斯之誨，如非其人，不宜啟篡逆之塗。是以古之顧命，必貽話言；詭偽之辭，非託孤之謂。幸值劉禪闇弱，無猜險之性，諸葛威略，足以檢衛異端，故使異同之心無由自起耳。不然，殆生疑隙不逞之釁。謂之為權，不亦惑哉！

　（二）亮集曰：是歲，魏司徒華歆、司空王朗、尚書令陳群、太史令許芝、謁者僕射諸葛璋各有書與亮，陳天命人事，欲使舉國稱藩。亮遂不報書，作正議曰：「昔在項羽，起不由德，雖處華夏，秉帝者之勢，卒就湯鑊，

為後永戒。魏不審鑑，今次之矣；免身為幸，戒在子孫。而二三子各以耆艾之齒，承偽指而進書，有若崇、竦稱莽之功，亦將偪於元禍苟免者邪！昔世祖之創跡舊基，奮羸卒數千，摧莽強旅四十餘萬於昆陽之郊。夫據道討淫，不在眾寡。及至孟德，以其譎勝之力，舉數十萬之師，救張郃於陽平，勢窮慮悔，僅能自脫，辱其鋒銳之眾，遂喪漢中之地，深知神器不可妄獲，旋還未至，感毒而死。子桓淫逸，繼之以篡。縱使二三子多逞蘇、張詭靡之說，奉進驩兜滔天之辭，欲以誣毀唐帝，諷解禹、稷，所謂徒喪文藻煩勞翰墨者矣。夫大人君子之所不為也。又軍誡曰：'萬人必死，橫行天下。'昔軒轅氏整卒數万，制四方，定海內，況以數十萬之眾，據正道而臨有罪，可得乾擬者哉！

三年春，亮率眾南征，（一）其秋悉平。軍資所出，國以富饒，（二）乃治戎講武，以俟大舉。五年，率諸軍北駐漢中，臨發，上疏曰：

先帝創業未半而中道崩殂，今天下三分，益州疲弊，此誠危急存亡之秋也。然侍衛之臣不懈於內，忠誌之士忘身於外者，蓋追先帝之殊遇，欲報之於陛下也。誠宜開張聖【德】聽，以光先帝遺德，恢弘志士之氣，不宜妄自菲薄，引喻失義，以塞忠諫之路也。宮中府中俱為一體，陟罰臧否，不宜異同。若有作姦犯科及為忠善者，宜付有司論其刑賞，以昭陛下平明之理，不宜偏私，使內外異法也。侍中、侍郎郭攸之、費禕、董允等，此皆良實，志慮忠純，是以先帝簡拔以遺陛下。愚以為宮中之事，事無大小，悉以諮之，然後施行，必能裨補闕漏，有所廣益。將軍向寵，性行淑均，曉暢軍事，試用於昔日，先帝稱之曰能，是以眾議舉寵為督。愚以為營中之事，悉以諮之，必能使行陳和睦，優劣得所。親賢臣，遠小人，此先漢所以興隆也；親小人，遠賢臣，此後漢所以傾頹也。先帝在時，每與臣論此事，未嘗不嘆息痛恨於桓、靈也。侍中、尚書、長史、參軍，此悉貞良死節之臣，願陛下親之信之，則漢室之隆，可計日而待也。

臣本布衣，躬耕於南陽，苟全性命於亂世，不求聞達於諸侯。先帝不以臣卑鄙，猥自枉屈，三顧臣於草廬之中，諮臣以當世之事，由是感激，遂許先帝以驅馳。後值傾覆，受任於敗軍之際，奉命於危難之間，爾來二十

有一年矣。(三)先帝知臣謹慎，故臨崩寄臣以大事也。受命以來，夙夜憂嘆，恐託付不效，以傷先帝之明，故五月渡瀘，深入不毛。(四)今南方已定，兵甲已足，當獎率三軍，北定中原，庶竭駑鈍，攘除奸凶，興復漢室，還於舊都。此臣所以報先帝，而忠陛下之職分也。

至於斟酌損益，進盡忠言，則攸之、禕、允之任也。願陛下託臣以討賊興復之效；不效，則治臣之罪，以告先帝之靈。若無興德之言，則責攸之、禕、允等之慢，以彰其咎。陛下亦宜自謀，以諮諏善道，察納雅言，深追先帝遺詔。臣不勝受恩感激，今當遠離，臨表涕零，不知所言。遂行，屯於沔陽。

　　三年の春、亮が率いる衆は南征する、（一）全て穏やかな秋のようだ。軍自資金、国は豊かである、（二）軍は統治され治められます、以って大ごとだ。五年、諸々の軍を引率し北の漢中に駐留する、暫定、上疏曰：
　　先帝は始めたが半分は未完で道半ばで崩壊した、今天下は三分割、益州は疲弊している、これ誠に存亡の危機である。然に衛兵を待機させるが内輪の大臣はやる気なし、忠実で志ある士が我が身を忘れる於いて外部の者、蓋（最初の皇帝）を追う先帝之特殊な出会い、報告が欲しい之於陛下也。新しい聖人の話を聞く、以って光は先帝の遺德、壮大な志士之気持ち、自らは誹謗中傷をしない、比喩な失敗、忠誠と忠告之路也。宮殿と府中は両方で一体、懲罰を評価す、適するか異論が有る。刑事犯罪が有る場合、忠実で善良な者でも、有罪ならば其れに対し罰や罰金を受ける、以って昭陛下の公正な理由、非公開で私は偏見をしない、内外の異なった法律を使う也。地位が変わる中で、侍郎郭攸（生年月日は不明、別名演長、蜀の重臣）之、費禕（？〜253年2月、別名文偉、（今湖北北省孝漢市考昌県）の人、三国時代の蜀漢の名大臣）、董允（？〜246年、別名休昭、南部枝江（今湖北枝江）の人、三国時代蜀漢の重臣、掌軍の中郎将董和の子）等、これは皆実際に良い、志慮も忠実で純粋です、是を以って先帝は選別し陛下に遣わす。宮中の事は愚（知人や世界情勢を知らない）以って為す宮中の事は、事無大小、之を全て相談する、然るに後に施行する、必ず欠点に役

立つ可能性がある、有所廣益は成語で「それは確かに欠点を補うのを助けて広い利益をもたらす」という意味。將軍は寵（三国の略）に向かう、性的な行動は秀純であり、考昌軍の事、過去の試練、先帝は之可能性が有る、是を以って三国の大衆の議事を持ち挙げる。愚を以って為す營中の事は、之を全て相談する、陳を和睦させる必要があり、優劣の長所を得る。高潔な大臣と比べ、遥か遠い小人、これ漢王朝が以って繁栄する也；親小人、遠賢臣、この後漢王朝は傾き崩壊する也。先帝の時代、毎度報告する大臣の議論はこの事、垣に於いていくら嘆いても痛恨の極み、心也。使用人、尚書、長史、軍に参入する、この話は諸葛亮の亡くなった日の大神臣、願はくば陛下を親と信じる、則に漢王朝は繁栄するでしょう、日数を数えて待つ也。

臣本布衣（側室は私の敵ではない、だが皇帝になるのは簡単でない私は貴男が王位に着くのを手伝う）射手は南陽（河南省地級市、歴史的名城）に於いて、亂世の命を救う、皇帝は聞かない諸侯は良く知っている、先帝は不満でも大臣は平気、無駄なこと、三回大臣は願いをもって尋ねるが、諸葛亮は草庵の中、當世の大臣は相談する、よって是に感激する、遂に先帝は許す以って早く馳せる。価値が覆された後、この祭任され、軍は敗れる、奉命ああ苦難の間は、かくのごとく来て二十有一年矣。（三）先帝は大臣の謹慎を知る、故に一時的な崩壊は大臣は大事也。受命以來、毎夜ゆうえつと嘆く、恐れず付託の警告を無視する、先帝以って傷之明、故五月に瀘（四川省越西県の川）を渡る、名前は主人に従い基に諸葛亮は深入り不毛と書いた。（四）今南方に既定・一定、兵は十分に足りる、當面三軍を率いることを奨める、北に定め中原へ、疲れ果てた・（庶竭駑鈍は自ら謙虚に発言する）、裏切り者・危険な者を取り除く、漢室は復興する、故都・旧都に還る。これ大臣の所以って先帝に報いる、而陛下に忠義之職を分かるべし也。

これ等に於いて損益を検討する、進歩した忠言、之に従う、美しい・良い、これを許可する也。願はくば陛下が大臣に託す以って賊を討ち復興之あり；なし、そばに治める大臣之罪、以告げる先帝之魂。若しくは

興みの品性が無い之言う、則責任はある之、よい、認める等之ゆっくりである、以其の咎は明白。陛下亦自ら謀をすべし、以善を教え相談する、察納雅言（正しく書かれた話を取り入れる）、先帝の遺言は深く追いている。大臣は無限の恩を受け感激する、今遠く離れるべき、表に流れる涙を見て、何御云うのか分からない。遂に行う、駐屯於沔陽（湖北省直轄県級市）。

（一）詔賜亮金鈇鉞一具，曲蓋一，前後羽葆鼓吹各一部，虎賁六十人。事在亮集。

（二）亮笑，縦使更戦，七縦七禽，而亮猶遣獲。獲止不去，曰：「公，天威也，南人不復反矣。」遂至滇池。南中平，皆即其渠率而用之。或以諫亮，亮曰：「若留外人，則當留兵，兵留則無所食，一不易也；加夷新傷破，父兄死喪，留外人而無兵者，必成禍患，二不易也；又夷累有廢殺之罪，自嫌釁重，若留外人，終不相信，三不易也；今吾欲使不　留兵，不運糧，而綱紀粗定，夷、漢粗安故耳。」

（三）臣松之案：劉備以建安十三年敗，遣亮使呉，亮以建興五年抗表北伐，自傾覆至此整二十年。然則備始與亮相遇，在敗軍之前一年時也。

（四）漢書地理志曰：瀘惟水出牂牁郡句町縣。

郭衝三事曰：亮屯於陽平，遣魏延諸軍並兵東下，亮惟留萬人守城。晉宣帝率二十萬衆拒亮，而與延軍錯道，徑至前，當亮六十里所，偵候白宣帝說亮在城中兵少力弱。亮亦知宣帝垂至，已與相偪，欲前赴延軍，相去又遠，回跡反追，勢不相及，將士失色，莫知其計。亮意氣自若，敕軍中皆臥旗息鼓，不得妄出菴幔，又令大開四城門，埽地卻灑。宣帝常謂亮持重，而猥見勢弱，疑其有伏兵，於是引軍北趣山。明日食時，亮謂參佐拊手大笑曰：「司馬懿必謂吾怯，將有強伏，循山走矣。」候邏還白，如亮所言。宣帝后知，深以為恨。難曰：案陽平在漢中。亮初屯陽平，宣帝尚為荊州都督，鎮宛城，至曹真死後，始與亮於關中相抗禦耳。魏嘗遣宣帝自宛由西城伐蜀，值霖雨，不果。此之前後，無復有於陽平交兵事。就如衝言，宣帝既舉二十萬衆，已知亮兵少力弱，若疑其有伏兵，正可設防持

重，何至便走乎？案魏延傳云：「延每隨亮出，輒欲請精兵萬人，與亮異道會於潼關，亮製而不許；延常謂亮為怯，嘆己才用之不盡也。」亮尚不以延為萬人別統，豈得如衝言，頓使將重兵在前，而以輕弱自守乎？且衝與扶風王言，顯彰宣帝之短，對子毀父，理所不容，而云「扶風王慨然善沖之言」，故知此書舉引皆虛。

　　郭衝（涼州の臨夏（現在の臨夏回族自治区）で生れ、魏王朝の終わりと晋王朝の初めの人で東安郭志の刺子の息子）。三つの事を曰：亮は陽平（三国時代は魏に属し郡でした）で蓄える、漢の補助将軍を魏に遣わす並びに兵は東に下る、亮は滞在し萬人で城を守る。晋の宣帝が率いる二十萬に亮は萬で拒む、而与えられた援軍は道を間違える、道に至る前に、亮が六十里所で、亮に偵候白宣帝（郭衝，涼州金城（今の甘肅臨夏）の人、魏末晋初大臣、東安太守郭智の子息）が城中の兵の力は弱い。亮亦知る宣帝がしてくれると至る、自ら相手に強制する、前に進む軍を欲する、お互い去ってまた遠征する、回跡を反転し追跡する、及ぶところ勢力は相いれない、将兵は顔色を失う、其の謀で誰もいないと知る。自ら汝の意思と亮の気持ち、帝国軍中皆の軍旗と軍鼓の数が伯仲（互角）している、庵から傲慢にだらだらと出てはいけない、又四つの城門を大きく開けと命令する、蛇かごで護岸を保護する。亮は常に宣帝に持別丁重される、而見ると勢力は雑多である、其には伏兵も有るのではと疑う、於って是の軍を引いて北の山に向こう。明日食時，亮は三蔵と手を握り大笑曰：「司馬懿は必ず私が怯えていると思っている、将は強く伏せる力が有る、山を縦走する矣。」候は全体をつかみ明るい間に還る、如く亮は所言。宣帝は後に知る、深い恨を持つ。難曰：案陽平（楊平郡は山東省に属し楊平郡は中国の歴史の中で古代の郡です）は漢中に在る。初めに亮は陽平に駐屯する、宣帝は荊州都督に尚を為す、まるで城を鎮める、至曹真（？〜 231 年、別名秦真、子丹、沛国譙県（今安徽省亳州市）の人、三国時代の葬魏の名将）死後、始から亮に漢中の氾濫が耳に入る。魏に伺いを遣わし宣帝自身が西城から蜀を討伐する、値は霖雨（君主から授与される褒賞のたとえで長雨のこと）で果たせ

ず。此之前後に、陽平で兵達の交戦が有ったり無かったり。防衛に就く
如し言う、宣帝は既に二十萬の軍勢を創立する、亮は兵の力は弱いと知
る、若し疑うなら其の伏兵は有る、強化し保持し、其のままでおなじ？
案魏延傳云：「随いおくらせて亮は出る、すればすぐに精鋭の兵萬人が
欲しいと請う、亮は異道を通って潼關（陝西省渭南市潼関県の北に位置し、
北に黄河、南に山がある）で会う、亮は製作（軍隊）するが禁じられている；
時々（勢力）拡張され亮は怯える、思う様にならない己の才能を嘆く也。」
亮はまだ不服で萬人を別系統と為す、前進するのは如何してするのかと
言う、使節の将軍の軍隊は前向きで行動力の強い兵である、而にやや弱
く自から敗北するかも？　それに急に扶風王（扶風県の王・風峰王）が言う、
有名な宣帝も短い、父は息子を破滅さす、理が通らぬ、而云「扶風王は
然るに彼の言に寛大だ」、知っているがこの書物の引用は皆（全て）虚し
い。

六年春，揺揚声由斜谷道取郿，使趙云、鄧芝為疑軍，据箕谷，魏大将
軍曹真挙衆拒之。亮身率諸軍攻祁山，戎陳整齊，賞罰肅而号令明，南安、
天水、安定三郡叛魏應亮，關中響震。（一）

六年（228年）春、揺揚の声をあげ郿の由斜谷（今の中国陝西省郿県斜峪關口）
を取る、使いの趙雲（？～229年、別名龍、常山真定の人、身長八尺、三国時
代の蜀漢の名将）が云う、鄧芝（178～251年、別名。義陽郡新野県（今河南省
新野県）の人。東漢の名将鄧禹の后、三国時代の蜀漢の重臣）の軍を疑う、箕谷
を占有する、魏大将軍曹真（？～231年、本名秦真、別名丹、沛国進県（今の
安徽省亳州市）の人、三国時代の曹魏名）が大衆を集め挙兵する。亮自身諸
軍を率いて祁山（甘粛禮県東、西漢水北側、西起北岈（今の平泉大堡子山）、
東至鹵城（今の鹽官鎮））を攻める、二つの軍隊の戦闘編成は整頓する、賞
罰は粛清する而号令は明かく、南安、天水、安定郡（古代区画名、西漢元
鼎三年（紀元前114年）、析北地郡の地、共有12個下県、従東漢に到り北朝時代、
安定郡の先後が涼州、雍州、秦州、涇州）三郡は叛乱魏と亮は応じる、関中

平野（陝西省南部の渭水川流域に沿った関中指陝西省は、陝西省陝西省の秦嶺山脈と渭水川の谷と丘を含む平均標高は約500ｍで黄土高原北部、南には陝西省南部盆地があります）怯えた。（一）

（一）魏略曰：始，国家以蜀中惟有劉備。備既死，数歳寂然无声，是以略無備預；而　卒聞亮出，朝野恐懼，隴右、祁山尤甚，故三郡同時應亮。

　魏明帝西鎮長安，命張郃拒亮，亮使馬謖督諸軍在前，与郃戦于街亭。謖違亮節度，舉動失宜，大為郃所破。亮拔西県千餘家，還于漢中，（二）

　魏明帝（魏明帝曹叡（204年〜239年1月22日）別名元仲。沛国譙県（今安徽省亳州市）の人曹魏第二位皇帝、魏文帝曹丕長男、母親は文昭甄皇后）は西の長安を鎮め、命張郃（？〜231年、別名、俊輔、河間郡鄚県（今の河北省丘市）の人、漢末三国時代の魏国の名将）が命令すると亮は拒む、亮は馬を使い敬意を示し諸軍の監督の前に現れる、そして街亭（今は甘粛省天水市秦安県の東45キロの龍城町にある）で戦う。亮は節度を侵害する、不適切な行動、郃（司隷河東郡聞喜（山西運城市聞喜県）の人。裴康子，晉元帝の時代の郃は安東將軍の長史）の所を大きく破る。亮は西県千餘家を抜き取る、（仕事をして）漢中に還る、（二）

（二）郭冲四事曰：亮出祁山，隴西、南安二郡應用時，圍天水，拔冀城，<u>虜姜維</u>，駆略士女数千人還蜀。人皆賀亮，亮顔ｆ色愀然有戚容，謝曰：「普天之下，莫非漢民，国家威力未舉，使百姓困於豺狼之吻。一夫有死，皆亮之罪，以此相賀，能不為愧。」於是蜀人咸知亮有吞魏之志，非惟拓境而已。難曰：亮有吞魏之志久矣，不始於此衆人方知也，且于時師出无成，傷缺而反者衆，三郡歸降而不能有。姜維，天水之匹夫耳，獲之則於魏何損？拔西縣千家，不補街亭所喪，以何為功，而蜀人相賀乎？

　亮亮<u>謖</u>以謝衆。上疏曰：「臣以弱才，叨竊非據，親秉旄鉞以厲三軍，不

能訓章明法，臨事而懼，至有街亭違命之闕，箕谷不戒之失，咎皆在臣授任无方。臣明不知人，恤事多闇，春秋責帥，臣職是当。請自貶三等，以督厥咎。」於是以亮為右将軍，行丞相事，所總統如前。（三）

　　戮謖（馬謖（190～228年）別名は幼常、襄陽宜城（今の湖北宜城南）の人，侍中馬良の弟、三国時代の蜀漢の官將領）を殺し以って大衆に謝る。上疏日：「大臣の才能は弱いとやっと知る、誹謗中傷を盗み居座る、戦力は三軍を親が持つ、法を規律し明確に出来ない、出来事而恐れる、至有街亭（甘粛省天水市秦安県の東45キロの龍城町にあります、三国時代、諸葛孔明は北方の魏を探索し6年（紀元228年）街亭の戦になる）命令違反之過ち、不服だが箕谷の境界を失う、大臣に皆咎り権限は無い。大臣の名を知る人はいない、暗い事を考慮する、春秋責帥（戦争責任を負う言葉）、大臣の職責は是に当る。自ら請い（官位）三等に下げる、以って彼の監督を咎める。」於是以亮為右将軍、丞相に行く事、以前の統括者に合う。

　　（三）漢晋春秋曰：或勧亮更發兵者，亮曰：「大軍在祁山、箕谷，皆多於賊，而不能破賊為賊所破者，則病不在兵少也，在一人耳。今欲減兵省将，明罰思過，校變通之道於将来；若不能然者，雖兵多何益！自今已后，諸有忠慮於国，但勤攻吾之闕，則事可定，賊可死，功可蹺足而待矣。"於是考微勞，甄烈壯，引咎責躬，布所失於天下，厲兵講武，以為后圖，戎士簡練，民忘其敗矣。亮聞孫權破曹休，魏兵東下，關中虛弱。十一月，上言曰：「先帝慮漢、賊不兩立，王業不偏安，故託臣以討賊也。以先帝之明，量臣之才，故知臣伐賊才弱敵强也；然不伐賊，王業亦亡，惟坐待亡，孰与伐之？是故託臣而弗疑也。臣受命之日，寢不安席，食不甘味，思惟北征，宜先入南，故五月渡瀘，深入不毛，并日而食。臣非不自惜也，顧王業不得偏全於蜀都，故冒危難以奉先帝之遺意也，而議者謂為非計。今賊適疲於西，又務於東，兵法乘勞，此進趨之時也。謹陳其事如左：高帝明并日月，謀臣渕深，然涉險被創，危然后安。今陛下未及高帝，謀臣不如良、平，而欲以張計取勝，坐定天下，此臣之未解一也。劉繇、王朗各据

州郡，論安言計，動引聖人，群疑滿腹，衆難塞胸，今歳不戰，明年不徵，使孫策坐大，遂並江東，此臣之未解二也。

曹操智計殊絶於人，其用兵也，彷彿孫、吳，然困於南陽，險於烏巢，危於祁連，偪於黎陽，几敗北山，殆死潼關，然后偽定一時耳，況臣才弱，而欲以不危而定之，此臣之未解三也。曹操五攻昌霸不下，四越巢湖不成，任用李服而李服圖之，委夏侯而夏侯敗亡，先帝每称操為能，犹有此失，況臣駑下，何能必勝？此臣之未解四也。自臣到漢中，中間期年耳，然喪趙云、陽群、馬玉、閻芝、丁立、白寿、劉郃、鄧銅等及曲張屯将七十餘人，突将无前。賨叟、青羌散騎、武騎一千餘人，此皆数十年之内所糾合四方之精鋭，非一州之所有，若復数年，則損三分之二也，当何以圖敵？此臣之未解五也。今民窮兵疲，而事不可息，事不可息，則住与行勞費正等，而不及今圖之，欲以一州之地与賊持久，此臣之未解六也。夫難平者，事也。昔先帝敗軍於楚，当此時，曹操拊手謂，天下以定。然后先帝東連吳、越，西取巴、蜀，舉兵北征，夏侯授首，此操之失計而漢事将成也。然后吳更違盟，關羽毀敗，秭歸蹉跌，曹丕称帝。凡事如是，難可逆見。臣鞠躬尽力，死而后已，至於成敗利鈍，非臣之明所能逆睹也。」於是有散关之役。此表，亮集所无，出張儼默記。

冬，<u>亮復出散關</u>，<u>圍陳倉</u>，<u>曹真</u>拒之，亮粮尽而還。魏将王双騎追亮，亮与戰，破之，斬双。七年，亮遣陳式攻武都、陰平。魏雍州刺史郭淮率衆欲擊式、亮自出至建威，淮退還，遂平二郡。詔策亮曰：「街亭之役，咎由馬謖，而君引愆，深自貶抑，重違君意，听順所守。前年耀師，馘斬王双；今歳爰征，郭淮遁走；降集氐、羌，興復二郡，威鎮凶暴，功勳顯然。方今天下騷擾，元惡未梟，君受大任，幹国之重，而久自抑損，非所以光揚洪烈矣。今復君丞相，君其勿辞。」（一）

冬、散逸（兵）を閉じ亮は還る、陳倉（陝西省宝鶏市陳倉区は陳倉区を指す）を圍こむ、曹真は之を拒否する、亮は精根尽き而るに還る。魏将王は双騎（軽騎と鉄騎兵を使った一種の戦法）で亮を追う、亮は戦闘を待つ、

之を破る、双方斬る。七年、亮遣陳式（生年月日不詳、三国時代の蜀漢將領。最初は劉備軍中の重要な指揮官）攻、阴平（甘粛省隴南市下轄市轄区、位置は甘粛省東南部、隴南市中部、白龍江中流）を攻める。魏雍州（漢代時の姑臧（今甘粛省武威市涼州區）涼州城古称）の知事郭淮（？～255年2月23日）、別名伯濟。太原陽曲（今山西省太原市）の人。三国時代魏国の名將）は全ての群衆を率いて攻撃を欲する、自ら出て亮は建威に至る、きっと退ぞく還る、遂に二郡を平定する。詔策亮曰：「街亭で兵役、咎による馬謖（190～228年、別名幼常、襄陽宜城［今湖北宜城南］の人、侍中馬良の弟、三国時代の蜀漢の奨領）、而君引愆，深く抑え自からの官位を下げる、君主の重大な意志の御達し、順守して聴く。前年の医師、馘斬王双（？～228年、又作王生れる、三国時代曹魏の将領）馘斬；今の歳に爰に遠征する、郭淮（？～255年2月23日、別名伯済。太原阳曲［今山西省太原市］の人。三国時代魏国の名将，雁門太守郭緼の子）遁走；降集氏、羌、二郡の復興を興す、抑える凶暴で威張る、功勳は明白だ。今方々に天下が嫌がらせする、元悪人を梟（貓頭鷹、ふくろう勇猛、さらし首にする）しない、君主の大任を受ける、統治された国之を重く受け止める、而に久しく自から損を受ける、非所（暮らせる所で無い荒れ地）以って光は弱く洪水も烈しい矣。今君主丞相が復旧する、君主は其れを辞めないで終わらせて下さい。」（一）

（一）漢晋春秋曰：是歳，孫権称尊号，其群臣以并尊二帝来告。議者咸以為交之无益、而名体弗順，宜顯明正義，絶其盟好。亮曰：「権有僭逆之心久矣，国家所以略其釁情者，求掎角之援也。今若加顯絶，雠我必深，便当移兵東【戍】伐，与之角力，須并其土，乃議中原。彼賢才尚多，将相緝穆，未可一朝定也。頓兵相持，坐而須老，使北賊得計，非算之上者。昔孝文卑辞匈奴，先帝優与呉盟，皆應権通變，弘思遠徐益，非匹夫之為忿者也。今議者咸以権利在鼎足，不能并力，且志望以満，无上岸之情，推此，皆似是而非也。何者？其智力不侔，故限江自保；権之不能越江，犹魏賊之不能渡漢，非力有餘而利不取也。若大軍致討，彼高当分裂其地以為后規，下当略民广境，示武於内，非端坐者

也。若就其不動而睦於我，我之北伐，无東顧之憂，河南之眾不得盡西，此之為利，亦已深矣。權僭之罪，未宜明也。」乃遣衛尉陳震慶權正号。

　九年、亮復出祁山，以木牛運，（一）粮尽退軍，与魏将張郃交戦，射殺郃。（二）十二年春，亮悉大眾由斜谷出，以流馬運，据武功五丈原，与司馬宣王對於渭南。亮毎患粮不継，使己志不申，是以分兵屯田，為久駐之基。耕者雜於渭濱居民之間，而百姓安堵，軍无私焉。（三）相持百餘日。其年八月，亮疾病，卒于軍，時年五十四。（四）及軍退，宣王案行其營壘處所，曰：「天下奇才也！」（五）

　九年、亮は祁山に出直す、以って木牛で運ぶ、（一）粮も尽きて退軍、魏将張郃（？～231年、別名俊乂，河間郡鄚県［今河北省任丘市］人。漢末三国時代の魏国名将、早い年に参戦し黄巾起義を鎮圧する、袁紹に帰属後、公孫瓚を撃破する、遷寧国中郎将、官渡の戦に参加、曹洪［？～232年］別名子廉、沛国譙県［今の安徽亳州］の人、三国時代曹魏の名将、魏武帝曹操の従弟に敗れて退く、その後曹操に投降、授偏將軍を授かる）と交戦し、郃を射殺する。（二）十二年（234年）春，亮は大眾を詳しい由斜谷から脱出する、以って馬で運ばれる、武力で五丈原を占有する、司馬宣王（179年～251年9月7日、別名仲達、河内郡温県孝敬裡（今河南省焦作市温県）の人。三国時代曹魏の政治家、軍事謀略家、權臣、西晋王朝の奠基人）に対に渭南（今の陝西省東部）に於いて与える、亮の患いは持続しない、己の申す志を使わない、是を以って屯田を兵に分ける、久しく駐留を為す之基。多種多様の耕者が魏濱の居民に間みる、而に百姓は安全で、軍隊は無私無欲です。（三）相手を持つこと百餘日。其の年八月，亮は病に罹る、軍隊は無くなり、その時の年令五十四歳。（四）及軍隊は退却，宣王案は行く其營壘處所，曰：「天下の奇才也！」（五）

　（一）漢晋春秋曰：亮圍祁山，招鮮卑軻比能，比能等至故北地石城以應亮。於是魏大司馬曹真有疾，司馬宣王自荊州入朝，魏明帝曰：「西方事重，非君莫可付者。」乃使西屯長安，督張郃、費曜、戴陵、郭淮等。宣王使曜、

陵留精兵四千守上邽, 餘眾悉出, 西救祁山。郃欲分兵駐雍、郿, 宣王曰:「料前軍能独当之者, 将軍言是也; 若不能当而分為前后, 此楚之三軍所以为黥布禽也。」遂進。亮分兵留攻, 自逆宣王于上邽〔古代中国の地名。 宝玉。また、玉器〕。郭淮、回費曜等徼亮, 亮破之, 因大芟刈其麦, 与宣王遇于上邽之東, 斂兵依険, 軍不得交, 亮引而還。宣王尋亮至于鹵城。長郃曰:「彼遠来逆我, 請戦不得, 謂我利在不戦, 欲以長計制之也。且祁山知大軍以在近, 人情自固, 可止屯於此, 分為奇兵, 示出其后, 不宜進前而不敢偪, 坐失民望也。今亮県軍食少, 亦行去矣。」宣王不従, 故尋亮。既至, 又登山掘營, 不肯戦。賈栩、魏平数請戦, 因曰:「公畏蜀如虎, 奈天下笑何!」宣王病之。諸将咸請戦。五月辛巳, 乃使張郃攻无当監何平於南圍, 自案中道向亮。亮使魏延、高翔、吳班赴拒, 大破之, 獲甲首三千級, 玄鎧五千領, 角弩三千一百張, 宣王還保營。

（二）郭冲五事曰:魏明帝自征蜀, 幸長安, 遣宣王督張郃諸軍, 雍、涼勁卒三十餘万, 潜軍密進, 規向剣閣。亮時在祁山, 旌旗利器, 守在険要, 十二更下, 在者八万。時魏軍始陳, 幡兵適交, 参佐咸以賊軍盛, 非力不制, 宜權停下兵一月, 以并声勢。亮曰:「吾統武行師, 以大信為本, 得原失信, 古人所惜; 去者束装以待期, 妻子鶴望而計日, 雖臨徼難, 義所不廢。」皆催遣令去。於是去者感悦, 愿留一戦, 住者憤踊, 思致死命。相謂曰:「諸葛公之恩, 死犹不報也。」臨戦之日, 莫不拔刃争先, 以一当十, 殺張郃, 卻宣王, 一戦大剋, 此信之由也。難曰:臣松之案:亮前出祁山, 魏明帝身至長安耳, 此年不復自来。且亮大軍在關、隴, 魏人何由得越亮径向剣閣?亮既在戦場, 本无久住之規, 而方休兵還経蜀, 皆非経通之言。孫盛、習鑿齒捜求異同, 罔有所遺, 而并不載冲言, 知其乖剌多矣。

（三）漢晋春秋曰:亮自至, 数挑戦。宣王亦表固請戦。使衛尉辛毗持節以制之。姜維謂亮曰:「辛佐治仗節而到, 賊不復出矣。」亮曰:「彼本无戦情, 所以固請戦者, 以示武於其眾耳。将在軍, 君命有所不受, 苟能制吾, □千里而□□邪!」魏氏春秋曰:亮使至, 問其寢食及其事之煩簡, 不問戎事。使對曰:「諸葛公夙興夜寐, 罰二十以上, 皆親揽焉; 所啖食不至数升。」宣王曰:「亮将死矣。」

（四）魏事曰：亮粮尽勢窮，憂恚歐血，一夕燒營遁走，入谷，道發病卒。漢晋春秋曰：亮卒于郭氏塢。晋陽秋曰：有星赤而芒角，自東北西南流，投于亮營，三投再還，往大還小。俄而亮卒。臣松之以為亮在渭濱，魏人躡迹，勝負之形，未可測量，而云歐血，蓋因亮自亡而自夸大也。夫以孔明之略，豈為仲達歐血乎？及至劉琨喪師，与晋元帝箋亦云「亮軍敗歐血」，此則引虛記以為言也。其云入谷而卒，緣蜀人入谷發喪故也。

（五）漢晋春秋曰：鳴等整軍而出，百姓奔告宣王，宣王追焉。姜維令儀反旗鳴鼓，若將向宣王者，宣王乃退，不敢偪。於是儀結陳而去，入谷然后發喪。宣王之退也，百姓為之諺曰：「死諸葛走生仲達。」或以告宣王，宣王曰：「吾能料生，不便料死也。」

亮遺命葬漢中定軍山，因山為墳，塚足容棺，斂以時服，不須器物。詔策曰：「惟君體資文武，明叡篤誠，受遺託孤，匡輔朕躬，繼絕興微，志存靖亂；爰整六師，無歲不徵，神武赫然，威鎮八荒，將建殊功於季漢，參伊、週之巨勳。如何不弔，事臨垂克，遘疾隕喪！朕用傷悼，肝心若裂。夫崇德序功，紀行命謚，所以光昭將來，刊載不朽。今使使持節左中郎將杜瓊，贈君丞相武鄉侯印綬，謚君為忠武侯。魂而有靈，嘉茲寵榮。嗚呼哀哉！嗚呼哀哉！」

初，亮自表後主曰：「成都有桑八百株，薄田十五頃，子弟衣食，自有餘饒。至於臣在外任，無別調度，隨身衣食，悉仰於官，不別治生，以長尺寸。若臣死之日，不使內有餘帛，外有贏財，以負陛下。」及卒，如其所言。

亮性長於巧思，損益連弩，木牛流馬，皆出其意；推演兵法，作八陳圖，咸得其要雲。（一）亮言教書奏多可觀，別為一集。

漢中定軍山（陝西省漢中市歷史名山、古戰場）に亮は埋葬される、山に応じて墓を為す、墓は十分に棺が収まる、全て定めた時期に喪に服す、器物は必要ない。詔策曰：「これ君主文武と言えば、賢明で誠実、孤独を託され、朕自ら正しく補佐する、朕躬（劉封？）、継続は絶えるが少しは興す、混頓を避け安定を志す；六師団を整える、年の差は僅かで少し殆

ど無い、勇猛で堂々としている、全隊が荒々しく威圧で鎮める、蜀漢（季漢）で将軍が特別な功労をたてる、誤る、まわりは大きな名誉（墓石等に用いる）。如何に弔うか、事は克服される、疾（病）で喪（死）ぬのか！朕は損傷を悼、肝心なときに若くして離れる。その徳功の序列を崇える、命の旅の諡号は、所以将來明らかにし、不死を公開する。使節は左中郎将の杜瓊を今使う、武郷侯（諸葛亮）は君主丞相に印綬を贈る、亡き君主の諡号は忠武侯。精神は魂に有る、喜びが湧き出し特に榮える。嗚呼哀哉！嗚呼哀哉！」

　初．亮自表後主曰：「成都に桑が八百株有る、薄田（博多・不毛の田）が十五ほど、子弟の生活の糧、自からは余剰が有る。大人は首都の外の人を任ずる、無差別に動員する、衣食は一緒に運ぶ、官史に依存する、区別せず外の役人、以って背が高い。若大臣が日中に死ぬ、使用しない絹が有る、外の金を稼ぐ財がある、以って陛下が（任務を）負ける。」及び出抜けに、貴方の言ったこと。

　亮は成長した独創的な概念（創意工夫）をもつ、弩弓を連ねるのは損益がある、木製の牛や馬で運ぶ、皆の意見は；推演兵法、八陳圖（三国時代蜀漢丞相諸葛亮の推演兵法）を作る、咸得（他人が貴方の事を考えている事を貴方に伝える）其の要件を云う。（一）亮は言う教書の全ては一見の価値が有る、別に一集を為す。

（一）魏氏春秋曰：亮作八務、七戒、六恐、五懼，皆有條章，以訓厲臣子。又損益　　連弩，謂之元戎，以鐵為矢，矢長八寸，一弩十矢俱發。亮集載作木牛流馬法曰：「木牛者，方腹曲頭，一脚四足，頭入領中，舌著於腹。載多而行少，宜可大用，不可小使；特行者數十里，群行者二十里也。曲者為牛頭，雙者為牛脚，橫者為牛領，轉者為牛足，覆者為牛背，方者為牛腹，垂者為牛舌，曲者為牛肋，刻者為牛齒，立者為牛角，細者為牛鞅，攝者為牛鞦軸。牛仰雙轅，人行六尺，牛行四步。載一歲糧，日行二十里，而人不大勞。流馬尺寸之數，肋長三尺五寸，廣三寸，厚二寸二分，左右同。前軸孔分墨去頭四寸，徑中二寸。前脚孔分墨二寸，去前軸孔四寸五分，

廣一寸。前杠孔去前腳孔分墨二寸七分，孔長二寸，廣一寸。後軸孔去前杠分墨一尺五分，大小與前同。後腳孔分墨去後軸孔三寸五分，大小與前同。后杠孔去後腳孔分墨二寸七分，後載剋去后杠孔分墨四寸五分。前杠長一尺八寸，廣二寸，厚一寸五分。后杠與等版方囊二枚，厚八分，長二尺七寸，高一尺六寸五分，廣一尺六寸，每枚受米二斛三鬥。從上槓孔去肋下七寸，前後同。上槓孔去下槓孔分墨一尺三寸，孔長一寸五分，廣七分，八孔同。前後四腳，廣二寸，厚一寸五分。形制如像，靬、古代軍人的作戰服通稱鎧甲，材質有石質、銅質、鐵質，亦有皮革質地的。指弓袋，王力氏擬上古音【khan】。長四寸，徑面四寸三分。孔徑中三腳槓，長二尺一寸，廣一寸五分，厚一寸四分，同槓耳。」

　　景耀六年春，詔為亮立廟於沔、出甘肅省武都沮縣東狼谷，向東南在漢口流入長江。武都、沮縣二志相同，今陝西省漢中市略陽縣是其地，有沮水出焉。陽。（一）秋，魏鎮西將軍鍾會徵蜀，至漢川，祭亮之廟，令軍士不得於亮墓所左右芻牧樵採。亮弟均，官至長水校尉。亮子瞻，嗣爵。（二）

　　景耀（Jǐng yào）六年（262 年、258 ～ 263 年七月、三国時代蜀漢の後主劉禪の第三回目の年号）の春、亮は僧院立廟於いて沔陽（仙桃市は湖北省中央政府直轄の県級市です）に詔衆する。（一）秋、魏の鎮西將軍鍾會（225 ～ 264 年 3 月 3 日、別名士季、穎川長社（今河南省長葛市）の人。三国時代魏国軍事家、書法家、太傅鍾繇の末っ子、青州知事の鍾毓の弟。）はやや蜀に、漢川（湖北省の直轄県級市）に至る、亮は仏教寺院に祭っている、亮の墓所で畜産、林業の伐採に右往左往し軍曹は命令を拒否する。亮の弟は均、正式名称長水校尉、漢武帝が設定する、八校尉の一、長水と玄宮の騎兵隊は掌握し、二千石の階級、丞及司馬に所属する、胡騎は司馬に各一人、亮の子は瞻、承襲爵位。（二）

　　（一）襄陽記曰：亮初亡，所在各求為立廟，朝議以禮秩不聽，百姓遂因時節私祭之於道陌上。言事者或以為可聽立廟於成都者，後主不從。步兵

校尉習隆、中書郎向充等共上表曰：「臣聞周人懷召伯之德，甘棠為之不伐；越王思范蠡之功，鑄金以存其像。自漢興以來，小善小德而圖形立廟者多矣。況亮德範遐邇，勳蓋季世，王室之不壞，實斯人是賴，而蒸嘗止於私門，廟像闕而莫立，使百姓巷祭，戎夷野祀，非所以存德念功，述追在昔者也。今若盡順民心，則瀆而無典，建之京師，又偪宗廟，此聖懷所以惟疑也。臣愚以為宜因近其墓，立之於沔陽，使所親屬以時賜祭，凡其臣故吏欲奉祠者，皆限至廟。斷其私祀，以崇正禮。」於是始從之。

（二）襄陽記曰：黃承彥者，高爽開列，為沔南名士，謂諸葛孔明曰：「聞君擇婦；身有醜女，黃頭黑色，而才堪相配。"孔明許，即載送之。時人以為笑樂，鄉里為之諺曰：「莫作孔明擇婦，正得阿承醜女。」

諸葛氏集目録
開府作牧第一　　權制第二　　　　南征第三　　　　　北出第四
計算第五　　　　訓厲第六　　　　綜覈上第七　　　　綜覈下第八
雜言上第九　　　雜言下第十　　　貴和第十一　　　　兵要第十二
傳運第十三　　与孫權事第十四　与諸葛瑾事第十五　与孟達第十六
廢平第十七　法檢上第十八　　　法檢下第十九　　　科令上第二十
科令下第二十一　軍令上第二十二　軍令中第二十三　軍令下第二十四
右二十四篇，凡十萬四千一百一十二字。

臣壽等言：臣前在著作郎，侍中領中事監濟北侯臣荀勗、勗是漢字，表示勉勵、中事令关内侯臣和嶠奏，使臣定故蜀丞相諸葛亮故事。亮毗佐危国，負阻不賓，然犹存録其言，耻善有遺，誠是大晋光明至德，澤被无疆，自古以来，未之有倫也。輒輒刪除復重，随類相从，凡為二十四篇，篇名如右。

臣壽等言：大臣の前に著作郎（後漢の終わりに設定され、国の歴史を編集する）は在った、侍中（秦と漢の時代に時中は皇帝の公式の人口が直接存在する）の領内の事を濟北侯と大人荀勗が監督する、宮廷内の事は關内（戦国時代の秦の官

史）侯大臣和嶠（？〜292年、別名長輿、汝南西平（今河南西平）の人、曹魏後期の西晋の初年大臣）が奏上し命令する、大臣はきまって故蜀の丞相、諸葛亮の話をする。亮は危険な国に隣接している、負正抵抗、然に其言それで記録に存続する、恥とか善は遺産です、大晋王朝は徳を重ね光明誠大である、利益を得る故郷は無い、古代から、終わりは合理的也。楔と楔を除き新たに戻す、似たもの如何し助け合う、凡為二十四篇、篇名は如右の如く。

亮少有逸群之才，英霸之器，身長八尺，容貌甚井仁偉，時人異焉。遭漢末擾乱，随叔父玄避難荊州，躬耕于野，不求聞達。時左将軍劉備以亮有殊量，顧亮於草乃三廬之中；亮深謂備雄姿杰出，遂解帯写誠，厚相結納。及魏武帝南征荊州，劉琮挙州委質，而備失勢衆寡，無立錐之地。亮時年二十七，乃建奇策，身使孫権，求援呉會。権既宿服仰備，又睹亮奇雅，甚敬重之，即遣兵三萬人以助備。備得用与武帝交戦，大破其軍，乘勝克捷，江南悉平。后備又西取益州。益州既定，以亮為軍師将軍。備称尊号，拝亮為丞相，録尚事事。及備殂没，嗣子幼弱，事無巨細，亮皆傳之。於是外連東呉，内平南越，立法施度，整理戎旅，工械技巧，物究其極，科教嚴明，賞罰必信，無惡不懲，無善不顯，至於吏不容奸，人懷自厲，道不拾，強不侵弱，風化肅然也。

亮には優れた才能が少し有る、器としての才能は無い、身長八尺、容貌は甚だ目もとは慈しみ口元は偉く、時代で人は異なる。漢末は攪乱に遭う、叔父玄の荊州に随い避難する、湾曲した原野を耕す、よく知られていない。時に左将軍劉備は亮に特別な手段を用いる、亮は草で覆われた粗末な家に尋ね願う；劉備の雄姿と卓越した才能を亮は深く受けます、正直に解き書き、相いてを厚く支持する。及び魏武帝は南の荊州を征服、劉琮（生年月日不詳、山陽高平（今山東微山兩城郷）の人、東漢末年に荊州牧の劉表の次男、劉琦の弟、劉表の死後に劉琮が繼承、曹操の大軍が南下した時代）は諦約国委員会、而に劉備は衆に権力を失う、狭くて不毛の地。亮の年はこ

の時二十七歳、再び奇策を建てる、我が身は孫権に使節としていき、呉会に救援を求める。孫権は既に劉備の宮廷服を仰ぐ、亮の奇策を理解する、彼を非常に尊敬する、即に遣兵三万人を以って劉備を助ける。劉備は与えられた兵で武帝と交戦、大破其軍、常敵を倒し常勝、江南を平定する。のち劉備は益州の西を取得する。益州設立、以亮は軍師将軍と為す。劉備称名誉称号（皇帝を称えた死後の称号）、崇拝亮為丞相、この事は記録された。及び劉備は亡くなる、後継ぎは幼く弱い、巨大な事も些細な事も無い、之等は皆亮に伝授している。是は外の東呉に通達している、その内の南越（南は越南。ベトナム）は平定している、法律を作り施す、軍事旅団も整理した、技術者に機械の研究者の其の極は明白です、賞罰なく必ず信じる、悪も無い不平も無い、官史は裏切るものを容認しては為らない、人の心と感情は一つ一つから、道に落てる物は拾わない（良い社会を表わしている）。強者は弱者を侵さない、天候は尊厳と威厳（冷たさ、殺害を無くする）也。

當此之時，亮之素志，進欲龍驤虎視，苞括四海，退欲跨陵邊疆，震盪宇内。又自以為無身之日，則未有能蹈渉中原、抗衡上国者，是以用兵不戢、戢，Zhé 或 jí，從昬從戈，藏兵也。《詩》曰：“載戢干戈。”昬，附耳私語，有收斂意。表音。戈，兵器，表意。屢耀其武。然亮才，於治戎為長，奇謀為短，理民之幹，優於将略。而所与對敵，或値人傑，加衆寡不侔，攻守異體，故雖連年動衆，未能有克。昔蕭何荐韓信，管仲舉王子城父，皆忖己之長，未能兼有故也。亮之器能政理，抑亦管、蕭之亞匹也，而時之名将無城父、韓信，故使功業陵遲，大義不及邪？盖天命有歸，不可以智力争也。

この時になる、亮は念願する、虎視たんたんと龍馬が疾走する、世界を包み込む、跨陵の境（奇妙な名前で嶺州郡を横断することが考えられています？）を越えて退くことを欲する、宇宙の乱流れ。無関心だった日々、中央平原を越えて戦うことが出来る上国者はいなかった、是以用兵は戦

わず、其の武力は繰り返された。然るに亮の才能は、長くなる攻撃を治める、奇策を謀り短くする、人々を統治する幹部、優れた戦略。敵に直面する所、或は特別な値の人、加えて未亡人で同じではない、攻守に異なる身体だ、故に何年も群衆を動員した、未だ抑圧が有る。昔の蕭何（紀元前257～前193年、沛郡豊邑（現在江蘇省豊県）の人、西漢の開国の功臣、政治家、丞相）と推奨韓信（約紀元前231～紀元前196年）、泗水郡淮陰県（現在江蘇省淮安市淮安区）の人、西漢開国の功臣、軍事家、「漢初紀の三傑」）、管仲（紀元前723～紀元前645年）、姫姓、管氏、別名仲、諡敬、潁上（現在安徽省潁上県）の人、中国古代の著名な経済学者、哲学家、政治家、軍事家、春秋時代の法律家の代表的人物、週穆王の後代）が王子城父（紀元前658～？年待考）、瑯琊人（現在山東濰坊臨淄区）、春秋時代の齊国の著名な將領）に提案する、皆が自分を首長と、未だに変更が有る。亮は優れた政治能力が有る、管が抑える、蕭と同じ人也、而城父は時代の名将で無い、故に韓信は仕事に値する業績は遅れている、大義と邪悪は等しくは有りませんか？　盖（山海経：倭種）の天命戻れと有る、智力を以ってしても争い不可也。

青龍二年春，亮帥衆出武功、分兵屯田，為久駐之基。其秋病卒，黎庶追思，以為口實。至今梁、益之民、咨述亮者、言猶在耳、雖甘棠之詠召公、鄭人之歌子産、無以遠譬也。孟軻有云：「以逸道使民，雖勞不怨；以生道殺人，雖死不忿。」信矣！論者或怪亮文彩不艷、而過於丁寧周至。臣愚以為談咎繇大賢也、周公聖人也，考之尚書、咎繇之謨略而雅、周公之誥煩而悉。何則？咎繇与舜、禹共談、周公興羣下矢誓故也。亮所与言，盡衆人凡士，故其文指不得及遠。然其声教遺言，皆経事綜物，公誠之心，形于文墨，足以知其人之意理，而有補於当世。

伏惟陛下邁踪古聖、盪然無忌、故雖敵国誹謗之言、咸肆其辞而無所革諱、所以明大通之道也。謹錄写上詣著作。臣壽誠惶誠恐、頓首頓首、死罪死罪。泰始十年二月一日癸巳、平陽侯相臣陳壽上。

喬字伯松、亮兄瑾之第二子也、本字仲慎。與兄元遜俱、作為姓氏：俱【jū】，不可讀作【jù】有名於時，論者以為喬才不及兄、而性業過之。

初, <u>亮</u>未有子, 求<u>喬</u>為嗣, 瑾啟<u>孫權</u>遣<u>喬</u>來西, <u>亮</u>以<u>喬</u>為己適子, 故易其字焉（Yān）。拜為駙、形聲。從馬, 付聲。副馬。本義：駕副車或備用的馬馬都尉, 隨<u>亮</u>至<u>漢中</u>。（一）年二十五, <u>建興</u>（元）〈六〉年卒。子<u>攀</u>, 官至行護軍翊武將軍, 亦早卒。<u>諸葛恪</u>見誅於<u>吳</u>, 子孫皆盡, 而<u>亮</u>自有胄裔, 故攀還復為瑾後。

　　青龍二年（紀元 234 年）春、亮は指揮官や衆徒と武功（武功山の位置は中国江西省中西部、羅霄山脈の北支）山に出発する、兵と農業集団に分ける、久しく駐留しここが基礎と為す。其の秋に病気で亡くなる、多くの庶民は追悼する、以って口実（真実を云う）である。至今梁（棟梁）（中国の典型的な南方姓氏。源流は、或出自は嬴姓、姫姓、國氏、地氏、邑氏、）、民衆は有益だ。亮のことを賞賛する、言葉の猶予は耳に在る、でも召公は甘棠（古代中国で最初の詩集「詩経」の詩です）を詠む、鄭（鄭綽（生年月日不詳）三国時代蜀漢の将領）人は歌子産（古代の貴重な本）を歌う、無以遠くの譬（揶揄、秦以前の古典で使用した単語であり、日本でも使われている）は無縁也。孟軻（孟子、名軻、別名子輿（約紀元前 372 ～紀元前 289 年）鄒國（現在の山東鄒城東南）の人、戦国時代の哲学者、思想家、政治家、教育家、）有云：「以って道を使って民は逃げる、でも労力は厭わない；以って道の人を殺す、でも死人は怒らない。」信矣！　論者や或いは亮が文は彩より艶がないと怪しむ、而に丁寧に周り過ぎ至る。大臣は愚かと談じる咎繇（紀元前 2220 ～紀元前 2113 年）偃姓（一説には嬴姓）, 皋氏, 名繇, 字庭堅。上古時代華夏部落の首領、偉大な政治家、思想家、教育家,「上古四聖」（堯、舜、禹、皋陶）の一つ、後の世の「中国司法始祖」。）は大へん賢い也、周公は聖人也, 考之尚書（最古の名書《書》で古代の古事を編纂した書物で《虞書》、《夏書》、《商書》、《周書》、これ等は五つに分れ儒家の五經の一です、《書經》とも云います）、咎繇の戦略は而雅である、周公の警告は煩らしい而に詳しい。何故か？　咎繇は舜（[約紀元前 2187 ～約紀元前 2067]、軒轅黄帝の八世孫、姚姓、媯氏、名は重華、字は都君、生於姚墟 [今山東省鄆城県] の生れ、一説には諸馮 [現在山東省諸城市]「三皇五帝」の一人）に与える、禹（生年月日不詳、姒姓、夏后氏、名は文命、安邑 [現在山

西省夏県］の人、上古時代夏后氏の首領、夏朝開国君王、歴史的な統治の有名な人、古代史では大禹、帝禹、神禹、黄帝の玄孫）共相談する、周公は群下に誓約する故也。亮には場所を与えると言う、大衆は平凡な人に尽きる、故に其の文章の指摘は不要でかけ離れている也。然るに其の祖の声は遺言が教えている、皆が経験し包括した物事、正直な心、形から墨で文章にする、足以って其の人之意志と理論を知る、而に当世には見かけだけのものが有る。

　古聖を模倣し継承する陛下にひれ伏し賛辞を送る、盪然と避け無い、言うけれどでも敵国を誹謗する、全ての店の場所は無く話しては成らない、道は明大通り也。丁寧に著作は記録した上で詣でる。臣の陳壽は誠に不安で誠に恐れる、従順、従順、死罪、死罪。泰始（泰始［265年12月〜274年］西晉皇帝、晉武帝、司馬炎の年号）十年二月一日癸巳、臣陳壽は平阳侯（曹參、別名敬伯、江蘇沛県人、西漢開国の功臣、名將、蕭何に次ぐ漢王朝の2番目の翔国です、秦第二王朝の最初の年（209年前）に、彼は沛県で秦と戦うために劉邦に就きます、多くの戦いの後、彼は占領した地域は2つの王国と122の郡です）に会う。喬の字は伯松、亮の兄瑾は第二子也、本字は仲慎（諸葛瑾の次男、彼と彼の兄弟諸葛恪は呉国で知られている）。この時有名な兄元遜（諸葛恪）が全て与える、喬も兄も理論家ではない、性の業は過多。初，亮に末っ子がいる、喬は後継ぎを求める、心から孫権は西から来た喬を遣わす、亮は喬を己の適子と為す、故に簡易に其の字は焉（Yān）。補助車両と馬を担当する中尉を拝受する、側近の亮は漢中に至る。（一）年二十五、建興（313年4月〜317年3月、西晉愍帝司馬鄴の年号）（元）〈六〉年卒。子は地位の高い人と接触をもつ、護衛軍翊武將軍は官に至る、また早く亡くなる。諸葛恪（203〜253年、別名元遜，瑯琊陽都［今山東省沂南県］の人、三国時代呉国の名將、大將軍諸葛瑾の長子）は呉に於いて殺害を見る、子孫は皆尽きる、そして亮は自から降下する、故に登り下りを繰り返し後に美玉（上質な金と美しい翡翠）を得る。

（一）亮與兄瑾書曰：「喬本當還成都, 今諸將子弟皆得傳運, 思惟宜同榮辱。

今使喬督五六百兵，與諸子弟傳於谷中。」書在亮集。

　瞻字思遠。建興十二年，亮出武功，与兄瑾書曰：「瞻今已八歳，聰慧可愛，嫌其早成，恐不為重器耳。」年十七，尚公主，拜騎都尉。其明年為羽林中郎將，屢遷射声校尉、侍中、尚書僕射，加軍師將軍。瞻工書畫，強識念，蜀人追思亮，咸愛其才敏。每朝廷有一善政佳事，雖非瞻所建倡，百姓皆傳相告曰：「葛侯之所為也。」是以美声溢誉，有過其實。景耀四年，為行都護衛將軍，与輔国大將軍南郷侯董厥并平尚書事。六年冬，魏征西將軍鄧艾伐蜀，自陰平由景谷道旁入。瞻督諸軍至涪停住，前鋒破，退還，住綿竹。艾遣書誘瞻曰：「若降者必表為琅邪王。」瞻怒，斬艾使。遂战，大敗，臨陳死、時年三十七。衆皆離散、艾長驅至成都。瞻長子尚，與瞻俱没。（一）次子京及攀子顯等，咸熙元年内移河東。（二）

　瞻（Zhān）（首都の将軍）字思遠、建興十二年（223〜237年5月、235年），、亮は武功（武功山は中国江西省の中西部、羅西尾山脈の北側に位置する）に出陣する、兄瑾に書を与え曰：「今既に八歳楽しみ、全てに於いて賢くて可愛、早熟で困る、恐らく耳の姿も重なる。」年は十七、尚公主（皇女）に騎都尉を拝受する。其明年為羽林中郎將（漢の宣帝は始め中郎將監羽林、東漢で羽林中郎將、禄高二千石）、射声校尉は頻繁に移動する、侍中、尚書を倒し射る、軍師將軍が加わる。優れた書画を眺める、強よい意識を念じる、蜀の人の記憶を思う亮、才能と敏捷性を愛している。常に朝廷は一善が有る良い政治、それで非常に楽所を建てることを提唱する、百姓皆は傳える相告げる日：「葛侯之所為也。」是以って美声が溢れ賞賛する、其の實はありがた過ぎる。景耀四年（261年 辛巳 景元二年）、护衛（剣士）將軍が都に行く、与輔国（国の補助）大將軍南郷侯董厥（別名龔襲、義陽郡平氏県（現在の河南桐柏県）の人、三国時代蜀漢重臣、鎮北將軍魏延と同郷）そして平尚書事。六年冬、魏遠征西將軍鄧艾（197年〜264年3月3日、別名士載、義陽棘陽（現在の河南省新野県）の人、三国時代魏国の傑出した軍事家）が蜀

を討伐、自分は阴平（現在の文県）から景谷道（馬鳴閣道と同様で劍閣道上と、どちらも短線道路）横から侵入する。諸葛瞻督率いる諸軍は涪（長江の支流嘉陵江の右岸最大の支流）に至り停住する、前鋒を破り、退還して、綿竹（四川盆地西北部城市）に住む。艾遣書誘瞻曰：「降伏する者は必ず表われ琅邪王（三国両晋から隋、唐と多数の瑯琊王がいたが、最も有名なのが當属東晋の元帝の司馬睿）だ。」瞻は怒り、艾の使いを斬る。遂に戦う、大敗する、臨陳は死ぬ、亨年三十七歳。衆皆離散、艾は馬を長く早く駆り立て成都に至る。瞻の長男は尚、瞻は與し全てを没する。（一）次の子京及び上の子顯等、咸熙（三国時代魏国の魏元帝曹奐［陳留王］の第二の年号）元年の内に河東に移る。（二）

（一）干寶曰：瞻雖智不足以扶危，勇不足以拒敵，而能外不負國，内不改父之志，忠孝存焉。華陽國志曰：尚嘆曰：「父子荷国重恩，不早斬黄皓，以致傾敗，用生何為！」乃馳赴魏軍而死。

（二）案諸葛氏譜云：京字行宗。

晋泰始起居注載詔曰：「諸葛亮在蜀，尽其心力，其子瞻臨難而死義，天下之善一也。」其孫京，随才署吏，后為郿令。尚書仆射山涛啓事曰：「郿令諸葛京，祖父亮，遇漢乱分隔，父子在蜀，雖不達天命，要為尽心所事。京治郿自復、复（拼音：fù）是漢語通用規範一級字［1］。復和它的異體字复（□イ复）原是兩個不同的字。有称，臣以為宜以補東宮舍人，以明事　人之理，副梁、益之論。」京位至江州刺史。

董厥者，丞相亮時為府令史，亮称之曰：「董令史，良士也。吾每與之言、思慎官適。」徙為主簿。亮卒后，稍遷至尚書僕射，代陳祇為尚書令，遷大将軍，平台事，而義陽樊建代焉。（一）延熙（二）十四年，以校尉使吳，値孫權病篤，不自見建。權問諸葛恪曰：「樊建何如宗預也？」恪對曰：「才識不及預，而雅性過之。」后為侍中，守尚書令。自瞻、厥、建統事，姜維常征伐在外，宦人黄皓竊弄機柄，咸共將護，無能匡矯，（二）然建特不與皓和好往来。蜀破之明年春，厥、建俱詣京都，

同為相國参軍，其秋并兼散騎常侍，使蜀慰勞。（三）

　董厥（字龔襲，義陽郡平氏県（今河南桐柏県）の人。三国時代蜀漢重臣）の者、丞相亮の時代に府令史を為す、亮称之曰：「管理の令史、良い士地也。吾は毎かい助言を与える、慎重に適切に思う。」文書の責任者。亮が亡くなった後、上海省（漢王朝の皇帝の秘書室の副官）に少し移動する、陳祗（？～258年9月23日、別名奉宗、汝南（現在の今河南平輿）の人、三国時代の時の蜀漢大臣）が尚書令を代わり為す、大将軍は移動する、平台に仕える、而にここ義陽（現代の河南省南部一帯、三国魏文帝（紀元220～226年間在位）最初は安昌（今湖北棗陽東南）の人）樊建（別名長元、荊州義陽郡（現代の河南桐柏東）の人、三国時代の蜀漢大臣）代る、（一）延熙（238～257年、蜀漢の君主、漢の主劉禪の第二の年号）（二）十四年、校尉が呉で使う、孫権病は重い、自分の健康を見ていない。孫権は諸葛恪に問う曰：「樊建（三国時代の蜀漢の大人）何如宗預（？～264年、別名德艷、荊州南陽郡安衆県（現代の河南省南陽市）の人、三国時代蜀漢官員、將領）也？」恪對曰：「才能と洞察力は分からない、而優雅な性格は良い。」後の役人になる、守尚書令。自から瞻、厥、建、は再構築する、姜維（202～264年3月3日、別名伯約、天水郡冀県（今甘粛省甘谷県）の人、三国時代蜀漢名將、天水功曹姜岡之子）は常に在外を征伐する、宦官の人黄皓（？～約264年5月10日、三国時代蜀漢宦官）権限を弄あそぶ、威嚇し共に庇い遭い、能力は無しが正解だ、（二）然建は特に皓と仲良しで往来し不快を与えない。明年の春に蜀は破る、厥、建、京都に詣でる、同じく相国（古代中国の国名）に参軍する、其の秋に散らばった騎馬を常に待機する、蜀は使った慰労する。（三）

（一）案晋百官表：董厥字龔襲，亦義陽人。建字長元。
（二）孫盛異同記曰：瞻、厥等以維好戦無功，国内疲弊，宜表后主，召還為益州刺史，奪其兵権；蜀長老犹有瞻表以閻宇代維故事。晋永和三年，蜀史常璩說蜀長老云：「陳壽嘗為瞻吏，為瞻所辱，故因此事歸惡黄皓，而云瞻不能匡矯也。」

（三）漢晋春秋曰：樊建為給事中，晋武帝問諸葛亮之治国，建對曰：「聞惡必改，而不矜過，賞罰之信足感神明。「帝曰：」善哉！使我得此人以自輔，豈有今日之勞乎！」建稽首曰：「臣竊聞天下之論，皆謂鄧艾見枉，陛下知而不理，此豈馮唐之所謂 '雖得頗、牧而不能用' 者乎！」帝笑曰：「吾方欲明之，卿言起我意。」於是發詔治艾焉。

評曰：諸葛亮之為相國也，撫百姓，示儀軌，約官職，從權制，開誠心，佈公道；盡忠益時者雖讎必賞，犯法怠慢者雖親必罰，服罪輸情者雖重必釋，遊辭巧飾者雖輕必戮；善無微而不賞，惡無纖而不貶；庶事精練，物理其本，循名責實，虛偽不齒；終於邦域之內，咸畏而愛之，刑政雖峻而無怨者，以其用心平而勸戒明也。可謂識治之良才，管、蕭之亞匹矣。然連年動衆，未能成功，蓋應變將略、非其所長歟！（一）

評曰：諸葛亮は相国(戦国の世の秦及漢の朝廷官臣の最高位の地位)に為す也、百姓を慰問する、儀式を示す、官職を約束する、正しい從割制、誠心を開く、公道を広げる；其の時に忠実な者は必ず賞をえる、犯罪法律に怠慢な者は必ず罰を受ける、有罪を認めたものは重く罰せられる、鯉妙に巧く扮する者は必ず殺す；善無が微妙でも評価しない、卑劣な悪は無いが蔑視は無い；庶民の事は改良する、物理が其本、名前が現実と責任を持つ、虛を軽蔑する；終は領土の内、みんなは畏れる而るに之も愛、刑事行政は厳しいが而るに怨者は無い、平穏に用心をする而るに明助言をする也。可能なかぎり治める知識之良才、管（官仲）、蕭（蕭渼、別名惟門、祖先は北海人、父は秦中、奉の元人）之は同じ人々矣。然るに大衆は連年で動く、何もせずに成功する、の応変は省略する、彼が得意な事では無い！（一）

（一）袁子曰：或問諸葛亮何如人也，袁子曰：張飛、關羽與劉備俱起，爪牙腹心之臣，而武人也。晚得諸葛亮，因以為佐相，而群臣悅服，劉備足信、亮足重故也。及其受六尺之孤，攝一國之政，事凡庸之君，專權而

郵 便 は が き

料金受取人払郵便

小石川局承認

5992

差出有効期間
令和４年３月
３１日まで
（期間後は切手をおはりください）

112-8790

105

東京都文京区関口1-23-6
東洋出版 編集部 行

本のご注文はこのはがきをご利用ください

● ご注文の本は、小社が委託する本の宅配会社ブックサービス㈱より、1週間前後で
お届けいたします。代金は、お届けの際、下記金額をお支払いください。

お支払い金額＝税込価格＋手数料305円

● 電話やFAXでもご注文を承ります。
電話 03-5261-1004　　FAX 03-5261-1002

ご注文の書名	税込価格	冊　数

● 本のお届け先　※下記のご連絡先と異なる場合にご記入ください。

ふりがな お名前	お電話番号
ご住所　〒　　　　－	

e-mail　　　　　　　　　　　　　　　＠

東洋出版の書籍をご購入いただき、誠にありがとうございます。
今後の出版活動の参考とさせていただきますので、アンケートにご協力
いただきますよう、お願い申し上げます。

● この本の書名

....

● この本は、何でお知りになりましたか？（複数回答可）
　1. 書店　2. 新聞広告（　　　　　　新聞）　3. 書評・記事　4. 人の紹介
　5. 図書室・図書館　6. ウェブ・SNS　7. その他（　　　　　　　　　）

● この本をご購入いただいた理由は何ですか？（複数回答可）
　1. テーマ・タイトル　2. 著者　3. 装丁　4. 広告・書評
　5. その他（　　　　　　　　　　　　　　　　　　　　　　　　　　）

● 　本書をお読みになったご感想をお書きください

● 今後読んでみたい書籍のテーマ・分野などありましたらお書きください

ご感想を匿名で書籍のPR等に使用させていただくことがございます。
ご了承いただけない場合は、右の□内に✓をご記入ください。　　□許可しない

※メッセージは、著者にお届けいたします。差し支えない範囲で下欄もご記入ください。

● ご職業　1. 会社員　2. 経営者　3. 公務員　4. 教育関係者　5. 自営業　6. 主婦
　　　　　7. 学生　8. アルバイト　9. その他（　　　　　　　　　　　　　）
● お住まいの地域

　　　都道府県　　　　　　　市町村区　男・女　年齢　　　　歳

ご協力ありがとうございました。

不失禮，行君事而國人不疑，如此即以為君臣百姓之心欣戴之矣。行法嚴而國人悅服，用民盡其力而下不怨。及其兵出入如賓，行不寇，芻蕘者不獵，如在國中。其用兵也，止如山，進退如風，兵出之日，天下震動，而人心不憂。亮死至今數十年，國人歌思，如周人之思召公也，孔子曰＂雍也可使南面＂，諸葛亮有焉。又問諸葛亮始出隴右，南安、天水、安定三郡人反應之，若亮速進，則三郡非中國之有也，而亮徐行不進；既而官兵上隴，三郡復，亮無尺寸之功，失此機，何也？袁子曰：蜀兵輕銳，良將少，亮始出，未知中國強弱，是以疑而嘗之；且大會者不求近功，所以不進也。曰：何以知其疑也？袁子曰：初出遲重，屯營重複，後轉降未進兵欲戰，亮勇而能鬥，三郡反而不速應，此其疑徵也。曰：何以知其勇而能鬥也？袁子曰：亮之在街亭也，前軍大破，亮屯去數里，不救；官兵相接，又徐行，此其勇也。亮之行軍，安靜而堅重；安靜則易動，堅重則可以進退。亮法令明，賞罰信，士卒用命，赴險而不顧，此所以能鬥也。曰：亮率數万之衆，其所興造，若數十萬之功，是其奇者也。所至營壘、井灶、灶（拼音：zào）是漢語一級通用規範漢字（常用字）[1] 。此字始見於春秋金文，《說文解字》釋為"從穴、鼀（cù，指蟾蜍）省聲。"後來產生了作為俗字的"灶"，"灶"是會意字，從土從火。圍溷、藩籬、障塞皆應繩墨，一月之行，去之如始至，勞費而徒為飾好，何也？袁子曰：蜀人輕脫，亮故堅用之。曰：何以知其然也？袁子曰：亮治實而不治名，志大而所欲遠，非求近速者也。曰：亮好治官府、次舍、橋樑、道路，此非急務，何也？袁子曰：小國賢才少，故欲其尊嚴也。亮之治蜀，田疇闢，倉廩實，器械利，蓄積饒，朝會不華，路無醉人。夫本

　　立故末治，有餘力而後及小事，此所以勸其功也。曰：子之論諸葛亮，則有證也。以亮之才而少其功，何也？袁子曰：亮，持本者也，其於應變，則非所長也，故不敢用其短。曰：然則吾子美之，何也？袁子曰：此固賢者之遠矣，安可以備體責也。夫能知所短而不用，此賢者之大也；知所短則知所長矣。夫前識與言而不中，亮之所不用也，此吾之所謂可也。

　　吳大鴻臚張儼作默記，其述佐篇論亮與司馬宣王書曰：漢朝傾覆，天下崩壞，

豪傑之士，競希神器。魏氏跨中土，劉氏據益州，並稱兵海內，為世霸主。諸葛、司馬二相，遭值、值是一個漢字，讀作 zhí，本意是指措置，放置，也指遇到，碰上。際會，託身明主，或收功於蜀漢，或冊名於伊、洛。丕、備既沒，後嗣繼統，各受保阿之任，輔翼幼主，不負然諾之誠，亦一國之宗臣，霸王之賢佐也。歷前世以觀近事，二相優劣，可得而詳也。孔明起巴、蜀之地，蹈一州之土，方之大國，其戰士人民，蓋有九分之一也，而以貢贄大吳，抗對北敵，至使耕戰有伍，刑法整齊，提步卒數萬，長驅祁山，慨然有飲馬河、洛之志。仲達據天下十倍之地，仗兼併之眾，據牢城，擁精銳，無禽敵之意，務自保全而已，使彼孔明自來自去。若此人不亡，終其志意，連年運思，刻日興謀，則涼、雍不解甲，中國不釋鞍，勝負之勢，亦已決矣。昔子產治鄭，諸侯不敢加兵，蜀相其近之矣。方之司馬，不亦優乎！或曰，兵者凶器，戰者危事也，有國者不務保安境內，綏靜百姓，而好開闢土地，征伐天下，未為得計也。諸葛丞相誠有匡佐之才，然處孤絕之地，戰士不滿五萬，自可閉關守險，君臣無事。空勞師旅，無歲不徵，未能進咫尺之地，開帝王之基，而使國內受其荒殘，西土苦其役調。魏司馬懿才用兵眾、眾（拼音：zhòng）是漢語通用規範一級字（常用字）[1]。此字初文始見於商代甲骨文 [2]，其古字形像多人在烈日下勞動，本義是許多人，引申為許多。又引申指一般、普通。未易可輕，量敵而進，兵家所慎；若丞相必有以策之，則未見坦然之勳，若無策以裁之，則非明哲之謂，海內歸向之意也，餘竊疑焉，請聞其說。答曰：蓋聞湯以七十里、文王以百里之地而有天下，皆用征伐而定之。揖讓而登王位者，惟舜、禹而已。今蜀、魏為敵戰之國，勢不俱王，自操、備時，強弱縣殊，而備猶出兵陽平，禽夏侯淵。羽圍襄陽，將降曹仁，生獲於禁，當時北邊大小憂懼，孟德身出南陽，樂進、徐晃等為救，圍不即解，故蔣子通言彼時有徙許渡河之計，會國家襲取南郡，羽乃解軍。玄德與操，智力多少，士眾眾寡，用兵行軍之道，不可同年而語，猶能暫以取勝，是時又無大吳掎角之勢也。今仲達之才，減於孔明，當時之勢，異於曩日，玄德尚與抗衡，孔明何以不可出軍而圖敵邪？昔樂毅以弱燕之眾，兼從五國之兵，長驅強齊，下七十餘城。今蜀漢之卒，不少燕軍，君臣之接，信於樂毅，加以國家為

唇齒之援，東西相應，首尾如蛇，形勢重大，不比於五國之兵也，何憚於彼而不可哉？夫兵以奇勝，制敵以智，土地廣狹，人馬多少，未可偏恃也。余觀彼治國之體，當時既肅整，遺教在後，及其辭意懇切，陳進取之圖，忠謀謇謇，義形於主，雖古之管、晏，何以加之乎？

蜀記曰：晉永興中，鎮南將軍劉弘至隆中，觀亮故宅，立碣表閭，命太傅掾犍為李興為文曰：「天子命我，於沔之陽，聽鼓鼙而永思，庶先哲之遺光，登隆山以遠望，軾諸葛之故鄉。蓋神物應機，大器無方，通人靡滯，大德不常。故谷風發而騶虞嘯，雲雷升而潛鱗驤；摯解褐於三聘，尼得招而褰裳，管豹變於受命，貢感激以回莊，異徐生之摘寶，釋臥龍於深藏，偉劉氏之傾蓋，嘉吾子之周行。夫有知己之主，則有竭命之良，固所以三分我漢鼎，跨帶我邊荒，抗衡我北面，馳騁我魏疆者也。英哉吾子，獨含天靈。豈神之祇，豈人之精？何思之深，何德之清！異世通夢，恨不同生。推子八陳，不在孫、吳，木牛之奇，則非般模，神弩之功，一何微妙！千井齊鼇，又何秘要！昔在顓、夭，有名無跡，孰若吾儕，良籌妙畫？臧文既沒，以言見稱，又未若子，言行並徵。夷吾反坫，樂毅不終，奚比於爾，明哲守衝。臨終受寄，讓過許由，負扆蒞事，民言不流。刑中於鄭，教美於魯，蜀民知恥，河、渭安堵。匪皋則伊，寧彼管、晏，豈徒聖宣，慷慨屢嘆！昔爾之隱，卜惟此宅，仁智所處，能無規廓。日居月諸，時殞其夕，誰能不歿，貴有遺格。惟子之勳，移風來世，詠歌餘典，懦夫將厲。遐哉邈矣，厥規卓矣，凡若吾子，難可究已。疇昔之乖，萬里殊塗；今我來思，覿爾故墟。漢高歸魂於豐、沛，太公五世而反週，想罔兩以彷彿，冀影響之有餘。魂而有靈，豈其識諸！」

王隱晉書云：李興，密之子；一名安。

三国志を理解して頂く為に三國志三十五　蜀書五　諸葛亮傳第五を選んでみましたが、思わぬ答えが得られました。泰始(265年12月～274年)十年二月一日癸巳、平陽侯相臣陳壽上。この一文に三国志作者の陳壽の名前が見られます、これで劉備と文瓶が繋がり劉備と袁譚の后の文瓶姜が同じ中山人で有ることと陳寿に俾弥呼（文夫人）が会ったことも正し

い話になりました。

三国（220 〜 280 年）

魏		蜀		呉			
帝王	年号	帝王	年号	帝王	年号	干支	紀元
文帝（曹丕）	黄初（7）					庚子十	220
		昭烈帝（劉備）	章武（3）			辛丑四	221
				大帝（孫権）	黄武（8）	壬寅十	222
		后主（〜禅）	建興（15）			癸卯五	223
明帝（〜叡）	太和（7）					丁未	227
					黄龍（3）	巳酉四	229
					嘉禾（7）	壬子	232
	青龍（5）					癸丑二	233
	景初（3）					丁巳	237
			延照（20）		赤烏（14）	戊午	238
斉王（〜芳）	正始（10）					庚申	240

　年表を入れて見ました。曹丕から三国と云い曹芳で俾弥呼の話は終わっていて、表を入れる事により、少しは分かりやすくなります。

　匈奴に朝貢を為していた漢が倒すことが出来ない匈奴を破ったのは鮮卑の壇石塊（鬼道で国を治めた）です、病で亡くなり、その後に僅かの間に鮮卑帝国が滅亡し鮮卑の皇族が魏に帰順した事件も三国志の話を理解する為に欠かせません。鮮卑はその後に孝文帝が北魏を建国します。この諸葛伝は別のことも教えてくれます。曹魏、中山と云う地名、諸葛、文瓶、文郭、文昭、と云う姓名は鮮卑の姓で使われた２文字です。漢の開祖は劉邦ですが劉の遠祖は独孤ですので２文字です。これらは何に繋がって行くのか Mystery です。

卑弥呼：劉夫人。袁紹の后・劉・蹋頓の娘・袁紹亡き後曹操が袁紹の墓

陵を造る。曹操が宝物を劉に与える。これが神宮皇后の三韓征
伐の宝です。災害（水害、地震）で亡くなる。奴百人で葬儀を行
う。天照大神。

卑弥呼＆俾弥呼：主人公・文瓶姜・袁譚の后（男装の麗人）・記紀では爰
　　　　女人有、日神華磯媛（神姓、夏華族、磯城居）肥後国風土記では
　　　　早津媛、播磨風土記では比売神、古語捨遺では皇女倭姫、倭武
　　　　と神宮皇后は景行天皇と俾弥呼の御子。

素盞鳴：出雲国風土記では須佐能袁（須はしなければ成らない、佐は助け
　　　　る、能は知らす、袁が）・先代旧事記では素戔烏（素で小さい烏、
　　　　烏の烏は烏鵜）・買尊、大国主の命、三国志では東漢安國亭侯袁
　　　　基の末子で人質として奪われない為に女の子の衣装を着ていま
　　　　す。

　　俾弥呼（文夫人）は卑弥呼（劉夫人・天照大神）と素盞鳴（大国主の命）と
共に倭に来たが終わりは俾弥呼だけ還ります。杵築神社は烏丸の青垣山
を望覧する二人の為にたてた望郷の御社です。

神宮皇后：播磨国風土記では息長帯姫、古語捨遺では豊鍬入姫命、景行
　　　　天皇と俾弥呼の御子、息長宿禰に育てられる。

倭武：常陸国風土記では日本武尊、俾弥呼と景行天皇の御子で自ら伊吹
　　　　山で命を立ち、仲哀天皇と播磨の印南別姫に育てられる、仲哀
　　　　天皇が大碓、倭健が小碓と呼ばれる。

卑弥弓呼：月読命、劉備の養子の息子劉封、石見神楽では八幡麻呂、魏
　　　　に戻り曹芳と名乗り、曹叡のあと、斉王を名乗ります。

三国志ではこの四人の話ですが後漢書ではもう一人加わります。

阿知使主：東漢末漢献帝劉協（181年4月2日～234年4月21日）

東漢末代皇帝（189年～220年在位）、母は霊懐皇后王榮、後山陽公。

袁紹：后は劉、御子は熙と紹、官渡の戦いで曹操に敗れる、202年病で
　　　　亡くなる。その後喪が明け后の劉夫人が205～206年に倭に渡
　　　　る。

曹操：三国志の最初が魏の太祖曹操、袁紹の墓陵を造り袁紹の后、劉に
　　　宝物を与える（三韓征伐の宝物）劉は宝物を朝鮮半島の南の島に
　　　隠す。

袁紹と曹操の父親は同じで母親が違います。

曹丕：父は曹操、北伐の前に熙から熙の后文昭瓶皇后を奪い文昭瓶と曹
　　　丕の御子が曹叡、曹丕と袁熙の岳父は同じです。

文昭瓶皇后：熙の后から曹丕の妃、お子は曹叡、文瓶姜（俾弥呼）の
　　　妹。（183年1月26日〜221年8月4日）別名：甄宓（fú）、中山郡無極
　　　県（現代の河北無極）人

文郭皇后：曹叡の育ての親、明元皇后。文徳郭皇后（184年4月8日〜235年
　　　3月14日）安平郡廣宗県（現代の河北廣宗）人、東漢南郡太守郭永
　　　の次女、魏文帝曹丕の皇后。

難升米：稲の研究者。

牛利：牛の研究者。

伊聲耆：yī-shēng-qí 魏齐王正始年间倭国大夫。 正始四年（243）、伊志
　　　冶？ 掖邪狗等八人：倭の人

王頎：（三国時代魏国の玄菟太守）、青州東萊（現代の山東萊州市）人。

三国時代の魏国の將領。経歴裨將軍、玄菟太守、高句麗を攻め滅ぼし帶
　　　方太守に還る、轉天水太守、蜀国も滅亡する。晉に入った後、
　　　南太を任せられる。

載斯：（Zài sī）倭の人。

張政：中国か倭の人か？

第六章

恐羅漢山

景行天皇は天皇系図に 71 〜 130 年と垂仁天皇は紀元前 29 〜後 70 年と記されています。この時代に活躍した息長宿禰は生没不詳（？）で同じく野見宿禰も生没不詳？です、景行天皇は系図の年代と違って 200 年代に活躍された天皇で應仁天皇は 270 〜 310 年と記されていますが景行天皇の御孫さんにあたる應仁天皇と年代が開きすぎて疑問が残ります。今までの語り継がれた話は Reset して物語を進めますが Mystery が多くて条件をつけます。事件の年代は 220 年以降に起こりました。垂仁天皇が崩御された後に垂仁天皇に仕えていた野見宿禰が景行天皇の皇命を無視し依然と出雲に於ける権力を放さない。この二つの条件で Fictitious talk で進めます。

劉封（卑弥弓呼・月読命）が倭に来たのは 220 年以降とします。皇命に従って欲しいと景行天皇が文瓶（俾弥呼・袁譚の妃）に頼みますが親の劉備の意見でさえ聞かない劉封は景行天皇から委託された文瓶の話は聞きません。それでも文瓶は根気よく 1 〜 1 年半かけて説得しますが景行天皇は自ら成敗を試みます。周防国佐婆津から海部郡宮浦（別府湾）へ軍勢を進めると俾弥呼の一族に迎えられ熊襲を退治し凱旋します。相手が投降し服従すると直ぐに須佐能袁と服従した月読命に東出雲の北伐を命じます、222 年以降に起こった出来事です。正しさに近づく為に此処で 222 年時の各人の年齢を調べてみます。かなり良く解っている須佐能袁から始めます、曹操は袁買を女性だと思っていて 20 番目の息子曹勢の嫁にするつもりでしたが男性と分かり破談にして南皮で袁譚を斬り妻子

を刺殺しますが、事実は妻子の正体は文瓶と袁買で、殺されてはいませんし、袁譚は初めから父親の袁基と共に董卓に襲われ、宮殿で命を落とします、董卓に抜かり有りません。

　わざと名を伏せ一人は不明で他は亡くなる筋書きに何故、陳寿は変えたのか？　名前を伏せなければ被害が及ぶから文瓶は陳寿に倭の出来事の話をして文章を身の安全を前提に色々な話をしました。この出来事は中国の人でも分からない文章で、日本の人で無ければ分かりません、まさか三国志で名を伏せた不明の袁紹の后と残りの二名と亡くなったはずの劉封の四名が日本の国に来て別名で活躍していた事実は三国志には記載していないから解らない。破談で袁買が倭に来たのは13～14歳で袁譚の妃文瓶は冀州の刺史を曹操から命じられ、その後に南皮で刺殺と載っていますが、袁譚の妃として嫁いで袁紹と出陣した年が14～15才で、袁紹が202年に亡くなり喪に伏したのが3年の歳月です。喪が明けて渡来していますから、倭に来たのは19～20歳前後で劉夫人は30歳前後です。景行天皇は播磨国の稲日太朗姫を娶りますが、初めてならば二人の御子が仲哀天皇（大碓）と文瓶と景行天皇の御子が倭健（小碓）です、文瓶は景行天皇より年上に為ります。そして大碓と小碓は双子の兄弟として稲日太朗姫に依って育てられますが有年後に稲日太朗姫は亡くなります。

　景行天皇が命令を下します、須佐能袁と弓の名手卑弥弓呼（月読命・八幡麻呂）は北伐に出発しますが武器も揃えなければなりません。草むらから突如飛び出した雉に散弾銃をぶっ放しても雉は逃げてしまい咄嗟に応対出来なければなりません。倭人は上部の長い弓を使う、この弓は狩猟や接近戦には向いていませんが、何故、三国志に登場したのか、この弓の矢で東出雲軍と争った痕跡があります。周防佐婆津に上陸した軍勢は東出雲に向かいますが其の旅の途中に出来事が羅漢山で起こります。事件当時の羅漢山は何と呼ばれていたのでしょうか？　この山の土蜘蛛は麓の村人に無理難題を押し付け困らせていましたが土蜘蛛を成敗するのは皇命か、其れとも進軍の途中に知ったのか、一行は成敗を目指

して羅漢山に向かいます。女装の須佐能袁と引率する軍の大半は女性兵士です。既に卑弥弓呼が率いる軍は上部が長く、下は短い弓で武装した兵です。戦法を考えて見ますと何れも曹操と袁紹が戦った戦法に似ています。先ず土蜘蛛の頭領と話し合いをします。会話は時間をかけ慎重に行います、その後に女姓兵士が武器を持たずに酒と食事を用意して山上で宴を設けると同時に賊の状況を掌握し信用を得るまで度々、須佐能袁は行ったかもしれません。相手の信用を得て日が暮れないうちに明日の用意と村人を連れて帰り下山の途中に火矢を準備している別働隊の卑弥弓呼に山上の情況を教え、上部の長い弓に火のついた矢を番い放ちます。弓の下部は腰を落して使えるように工夫し発見されにくくて距離が延びます。下から上に火を放ちますと賊が寝込んだころに火の手が押し寄せてきて賊を殲滅します。この戦法は本陣から部隊を送りだした後に酒を飲むものがいた袁紹の本陣を曹操の別動隊が火を放ち襲います。其の報を受け慌てた袁紹や引率してた兵が我勝手に退散したという曹操が袁紹に仕掛けた戦法に似ています。この山の言伝え過去話で恐ろしい出来事があった羅漢山の話が当時の大事件だったので後世に石見神楽の形で広い範囲の地域に残りました。羅漢山と言えば16羅漢18羅漢とも云われるお釈迦さまのお弟子様の諏修行道場です。羅漢山の出何処は中国の話で古代書には

「阿羅漢諾矩羅居震旦東南大海際雁蕩山芙蓉峰龍湫」で同安区蓮花鎮明浦村明山自然村にあります、そして日本の恐羅漢山の形が中国の羅漢山と良く形が似ています。此処中国の羅漢山の羅漢は僧侶のようですが、仏の様な僧侶ではありません。仏のようですが古い武道を使います、と伝えられていて此処には東の彼方を見つめる500体の羅漢と四天王を祀っています。500羅漢は日本で祀られていますが、日本で四天王と言えば聖徳太子の御世の話に為りますから日本の恐羅漢山の名は後世に付けられた名前と解ります。羅漢山と旧恐羅漢山も近くに在り名前の由来は中国から来ています。

　この地を離れて須佐能袁軍は東出雲に向かいますが、どの道を通過

したのかは解りません。東出雲の王は汴野命（野見宿禰・大穴持命）です。汴の文字は周時代の文字でその前は右横に三本の横線がありました、意味は水と特になく頭に持ってくる文字です。此処は紀元前200年に秦（Qín）に敗れた燕（Yàn）の王、燕喜が渡来しています。周と燕は同盟国ですから周の文字が使われても可笑しくは有りません。燕と云う地名は新潟県燕市に残っていますが津波目・波多須と言われたのは記紀の時代ではないでしょうか？　江戸時代になると燕に戻ります。燕喜が渡って来た蜈蛤島も八束に変わります。八束汴野命を訳すると全てを束ねた汴野命に為ります。初めにお断りをした話です。垂仁天皇が崩御された後に野見宿禰は景行天皇の皇命を聞き入れません。八束汴野命の軍団は弩弓を使う最強の軍団です。秦の始皇帝が出雲方面に斉国の徐福将軍に童男童女3000人連れて不老長寿の薬を求めて渡来し弩弓も持ちこみます。既に遺跡からも出てきています。汴野命の軍勢はまともに戦えば勝てる相手ではありません。弩弓の弱点は、命中率は高いが飛距離が短いので接近戦は有利に戦えます。ここは卑弥弓呼軍の出番です。飛距離は長いが命中率の悪い上部が長い弓を使いますが日本の和弓も上部が長い弓ですが既に和弓が使われていたのか、それとも持ち込まれた蒙古地区の遺跡から出土した弓かどちらでしょうか？　北陸に位置する越を平らげたと言われる八束汴野命の軍勢ですから北伐は簡単ではありません。十分な計画を要します。開拓、開墾で大衆は疲れていたかもしれません、災害で衆はやはり疲れていたかも知れません。八束汴野命は善政で大衆の信頼は厚く長きに渡り島根国を治めてきました。この戦闘では卑弥弓呼が恐羅漢山のように火矢を遠距離から放す戦法を用います。敵将を倒すのではなく敵将に投降を促し服従させて勢力範囲を広げることが目的です。此処で放った火矢は大穴持命には当らずとも他から衣に火が着き火傷を負わせて仕舞います、何とか須佐能袁は大穴持命を助けたいですが大穴持命はこの戦いの後に須佐能袁の介護も虚しく亡くなります。

　播磨国風土記の揖保郡には八束汴野命のことを「所以号立野者、昔、土師弩美宿禰、往来於出雲国、宿於日下部野、乃徳病死。爾時、出雲国

人、来到連日人衆、運伝上川磯、作墓山。故、号立野。即、号其墓屋為出雲墓屋。」

　立野は龍野で龍は大王の紋章の証でその下に野と記されています。土師弩美宿禰の土師は土の王、土の最高指揮官ですから開拓事業の指導者でしょうか？　次は弩の文字ですが弩の名手でしょうか？　美は美しい以外に素晴らしいとも訳します、随分と今までの野見宿禰の Image と違います。立野に墓所を作りに出雲の国から墓山を造りに来ますが曹操が仲良しの袁紹が病で亡くなった後に墓所を曹操が造ったことと同じです。「乃徳病死」は立野に来た時は未だ回復が可能だったかも知れません。乃は再度と云う意味です。此処で大穴持命は野見宿禰です。大きな袋を背に負った大国様は誰でしょうか。子供のころ絵本で見た大国様の印象が強くて大国様は須佐能袁と云いにくいが出雲国の後を治めたのが須佐能袁です。背に負った大きな袋の中身はお米ですと暗示しています。戦いの後に須佐能袁は、お米や他の物も施して衆の心を掴みました。財源は十分にあります。その後に卑弥弓呼は須佐能袁（Xūzuǒ néng yuán）と別れ北の出国（出羽）に向かいます。これ以降の話は事件と年代の整理がつかず、信憑性がありません。

　此処、月山。湯殿山と羽黒山には月山神社、出羽神社、湯殿山神社の三社を総括した三山合祭殿を設けて三社合同の社務所があります。月山神社以外、他の神社の歴史は時代に依って変わって来ているので不明ですが月山神社の祭神は月読命で伊勢神宮にもお祀りしています。この地に月読命が出雲国からこの地に来たのではないか？　この地に辿りつく行程の途中には福井県の敦賀に気比神社がありますが、この気比神社の祭神は主神が伊奢沙（Yī shē shā）別命と帯中津彦命（仲哀天皇）をお祀りし、其の後に日本武尊、武内宿禰と息長帯姫（神宮皇后）、誉田別名（応仁天皇）と平殿に豊玉姫命が祀られています。息長宿禰（伊志冶・Yīzhì yě）の名前がありませんが八幡神に近いかもしれません。これ等を勘案して月読命はこの地から曹魏に渡ったのではないかと考えました。日本武天皇は常陸の国から還って景行天皇から自ら命を絶つことを命じられ、草薙ぎ

の剣を残し伊吹山に赴きます。これも月読命と関係のある事件でしょうか？　「出雲の国」は「出が云う国」と訳します。出羽の国は北が「出（Chū）」の国」で下は「羽（Yǔ）の国」です。憶測に不自由はしません。何年出雲国に居たのかは解りませんが須佐郷があるので行き係りではなさそうです。出雲の国から播磨の国に向かいます。播磨国風土記の飾磨群の項に、佐比岡。所以名佐比者、出雲之大神、在於神尾山。此神、出雲国人経過此処者、十人之中留五人、々之中留三人。故、出雲国人等、作佐比祭於此岡。遂不和受。処以然者、比古神先来、比売神後来。此、男神不能鎮而、行去之。所以、女神怨怒也。然後、河内国茨田郡枚方里漢人、来至居此山辺而、敬祭之。僅得和鎮。因此神在、名曰神尾山。又、作佐比祭処、即号佐比岡。佐岡。

　この播磨国風土記から佐比は須佐能袁・出雲の大神です。比売（売は買と古代は同意語）は息長帯姫に応援に来た俾弥呼（文瓶）です。須佐能袁（男神）が俾弥呼より飾磨に先に来ましたが鎮圧出来ずに去ります。俾弥呼（女神）がそれを怒ったが、僅かですが鎮圧が出来たようです。風土記には漢末の呉勝の名前も載っています。三国志に記載されている倭国乱とは国を二分して仲哀天皇派と成務天皇派の皇位継承の大乱です。先の皇后は印名別姫です。仲哀天皇は俾弥呼派です、景行天皇が成務天皇を立てます。

　先に野姓を調べます。何故なら熊野（楚・蜀）、吉野（吉州、吉林省）、爰野（烏丸の爰）と九州地域に其れも後ろは野です。

　これは私には解りませんが何れも下を「の」と読む古代の地名です。

　野姓の始めは東野氏の後裔で遠祖が山東曲阜に現れました。最も早いのは和孔、孟、顔氏で最初の一族です。《左傳》では中有記載魯國野洩的事蹟と記され後に江蘇揚州迄伝わって行きます。また秦の時代では東野は魯国公族でした。三国志巻30烏丸・鮮卑東夷傳に「皆自稱太夫、夏后少康之子」とありますが姒少康を指しています、話は3つ有りますがその1つです。同義語 少康、（夏朝国君主）一般的には、姒少康の事です。2つめは、少康、（生卒年不詳）、現代の山東省金郷県の人、姒相の

子、夏朝第六代の君主。一説には酒造を初めて為した杜康。少康の伯祖（伯父）夏王太康（古代の王爵）東夷有窮（夏の代表国名、其の地は現代の山東省徳州市の南）の首領后羿（生年月日不明、本稱羿、中國の古代五帝時代の神話上の人物）の叛亂で国を失う。少康は羿の死後の息子、成人後に虞國（現代の河南省虞城県）に逃げます。任庖正（夏王朝の高官）虞国君主虞思將（生年月日不明，姚姓、虞氏、舜の孫、商均の子、有虞氏（虞国）首領、国の都は虞城）の其の次女二姚は少康そっくり。この話の後に行を空けます。漢靈帝光和七年（紀元 184 年）、黄巾昌亂、自三國及晉、兵戈不息、東野熙（東野三十一世）舉族流於東海、寄居五世。宋武帝永初二年（紀元 421 年）、東野芳（東野三十五世）自東海抱姓譜計親族五十七人還魯。とこの文章が三国志の年代に五十七人魯に還っています、残った人は何処に？　抱姓なら劉封が抱と名乗り曹魏に偶然ですか？　俾弥呼より先に越、楚、燕、斉、白水、が来ています。渤海湾の西から、長江の下河口から、渤海湾の西からは帆柱の影と船体が並行なら서울 seoul に着きます。長江の下河口地域から船は陸に添い北上します。

第七章

齐王

古代中国では歴史上 78 人が「斉王」と称しています。中田氏 12 人・韓氏 2 人・劉氏 16 人・曹氏 1 人・孫氏 2 人・司馬氏 2 人・段氏 1 人・拓跋（元）氏 2 人・封氏 1 人・王氏 2 人・蕭氏 5 人・高氏 2 人・宇文氏 1 人・楊氏 1 人・張氏 3 人・薛氏 1 人・李氏 7 人・徐氏 1 人・石氏 3 人・安氏 1 人・趙氏 2 人・耶津氏 1 人・完願氏 1 人・朱氏 1 人・蒙古族 5 人、初めの斉王は戦国時代の齊威王で紀元前 334 年の出来事です。

戦国時代から

田斉は田完から始まりました。田完の本名は嬀完、又は陳完と称されました。最初に虞舜は嬀満の后の子孫の陳にされます。遂に以って国の氏に為ります。陳厲公の次子は直ぐに嬀です。これを避け斉、公正を期する為に斉桓公と名乗ります。嬀完は斉国に行きます。候陳（Chén）と田（Tián）には悪い過去が有りました。発音が似る。そこで氏は田にして、田氏に決まり田と称します。諡号は敬仲、歴史で称するのは田敬仲です。

伝説では五世が田桓子、「事斉庄公，甚有寵」、田氏は序列では初めは上に為る。田桓子の孫が田釐子、事斉景公。斉景公が薨（身分の高い人が亡くなる）、斉国の卿国氏、高氏立晏（高張）孺子で君主、結果は田釐子達と同鮑氏が高昭子を殺します、遂に恵子の国です、斉君（斉悼公）が冬至に生れ、晏孺子を殺します。「田乞為相，傳斉政」。両親の御子田成

子を常に監督する田鰲子を斉簡公左右相が諌める。この時に田氏と闞氏が相い争い、結果は田常が勝利し、弑斉簡公を殺し、平公が立ちます。

　この時に田氏立つ、既に戦国時代に足を踏み入れる。太公和の孫桓公は昼は都の臨淄の田斉の学宮にいる、「設大夫之号」、天下の賢士を勧誘します。威王は至る、宣王の時代、田斉の学宮の人才済済、東方の専門知識の文化の中心となる。鄒忌を斉威王は任用する、政治の改革を行い、斉国は遂に強大になる。紀元前353年、桂陵に於いて斉は魏軍に大敗。紀元前341年。斉は又魏軍に馬陵で大敗します。紀元前334年に魏恵王は斉威王を与えます「徐州相王」、正式に王と称します。威王は晩年、相邦は鄒忌に与え将軍田忌政策を争う。紀元前322年，田忌は臨淄を攻撃する、鄒忌は求める、不勝、楚国に逃亡する。斉宣王の時代に燕国で発生する「子之之乱」。紀元前314年、孟軻（孟子）の説得の下で、宣王が匡章に割り振りを命じる「五都之兵」「北地之衆」燕を征伐する、五旬克之（戦國七雄・戦国時代七つ最強大の諸侯國の統稱）、一時燕国を占領する。斉は戦国七雄の一つを為す。

　戦国の末期、斉は強盛の地位を保持します。紀元前301年、斉は韓と連合します、魏は楚を攻撃しますが、大敗を喫します。紀元前298〜前296年、斉と韓の联合と同じ時期に、魏は毎年秦を攻撃します。函谷関に入る、追われる秦は和議を求めます。紀元前288年、斉、秦と同様に東と称されます。西帝、周りは皆帝号を使う。翌年、蘇秦、李は趙に合う、齊、楚、魏、韓が秦を攻撃する、成皋は中止。又翌年，斉は滅亡宋に。紀元284年、燕の樂毅は上将軍なる、合燕、秦、韓、趙、魏は斉を攻める、攻入臨淄（Línzī）に攻め入る、関与した七十余城。斉城のそうでない即墨は莒と和解する、斉湣王は逃げて莒に入り、被った淖齒殺されて死ぬ。王孫賈は莒人が淖齒を殺す機会を与える、立湣王子法章が斉襄王に為る。燕は東圍から兵を則に引き挙げる、城中では将に田単を推挙する。双方とも固着状態で五年達。紀元前279年、田が単独で反攻する、用「火牛陣」燕軍は大敗を喫する、失地を修復する。斉も復国、但し元の姿には戻らない、秦に機会を与えても無力。紀元前

221 年，秦滅亡する韓、魏、楚、燕、趙后、燕は将軍王賁を使い南の齊国に攻撃する、<u>斉王建</u>は捕虜になる、齊国滅亡する。

　此処で注視するのは、魏、楚、燕、越、齊、と胡（烏丸・鮮卑）が日本に古代史によると渡来していますが紀元前 200 年以降に燕の王、燕喜が渡来しています。紀元前 221 年に齊国滅なっていますが、それなら齊王建の渡来も有るかもしれません。この時代は徐福将も来ています。韓、趙、秦、後年来ているのでは、秦は太秦（Uzumasa）で見られ、韓の話は播磨国風土記でも見られます。

次序	諡号	名	在位時間	年数	劉注
1	齊威王	田因齊	前 356 年 ～ 前 320 年	37	前 356 年，即齊侯位；前 334 年，称王
2	齊宣王	田辟彊	前 319 年 ～ 前 301 年	19	
3	齊湣王	田地	前 300 年 ～ 前 284 年	17	前 288 年，称東帝，不久去帝号
4	齊襄王	田法章	前 283 年 ～ 前 265 年	19	
5	齊共王	田建	前 264 年 ～ 前 221 年	44	前 221 年，秦戦齊滅亡

秦末

田儋

　田儋（？～紀元前 208 年）、元々は戦国時代の齊国の王族。紀元前 209 年に陳勝と呉廣の蜂起が勃発し、田儋は狄県の県令で殺害する機会を得て、大義に基づき挙兵を起こし、自から齊王として立ち、齊国を攻め取り平定しこの地を平定します。紀元前 208 年、秦王朝の章邯将軍が王維を包囲し、王維は週市を送り齊、楚の両国に求援を申し込みました。田儋と楚将は魏国に項它率いる軍隊を送ります。章邯将は臨済の城下で

齊は大敗し、魏の援軍は週市と和解し田儋は殺されて死にます。

田假

田假、齊襄王の子、戦国末代の齊王田建の弟。田儋は亡くなり、田假は齊王に擁立される、以って田角は丞相に為る、田角の弟の田間は將軍に為り、共同で軍隊を率い本土の防衛を担います。以って外来の軍隊に抵抗します。田榮は東阿県に逃げた後、章邯は諦めず急いで包囲した。秦末起義軍首領の項梁は田榮の處の境界が危険な状況だと聞く、於いて章邯は救援に向かい、章邯は東阿城下で撃敗する。章邯は西の兵を引き挙げる、項梁は軍を率い追撃する。此時に田榮は亡くなる盟友の項梁を章邯は追撃章する。而に是の因年は怨年となって恨みをかい齊人は田假を擁立して齊王にします。田假は軍を率いて打って出ます。田假の兵は敗れます。逃奔投靠楚懷王は逃げて避難しました。項羽がその後に田榮を撃敗し、再度齊王として立ちます。他に又もや田横の所は敗れます、再び逃亡を図り楚國に至り、項羽はこの地で殺されました。

田市

田市 (fú) は田儋の兒子。田假が楚國に逃亡した後に、田榮を立て田市を齊王に為す、並びに楚國の要求に田假を引き渡す。楚國には不利益です、所以田榮は没落し西部楚霸王項羽（紀元前232年〜紀元前202年）が入關する、副將に田都が着く、齊王の孫の田安に田榮が背を向け、田榮、項羽入關。項羽は諸侯を十八に分ける、田都の齊王を封じる、田安は済北王になる、田市は膠東王に、田榮は封じられ没した。田榮は不服です。田市は臨淄を去ることを拒否。田市は項羽を恐れ、膠東に行きました。田榮は激怒し、漢元年（前206年）六月、田榮率いる兵が攻撃し田市殺害。

田都

田都、田儋は元々、田榮兄弟の副將だった。秦二世三年（紀元前207年）十月、田都と和齊王建の孫の田安に背いた田榮は、項羽と共に入關した。

西楚霸王項羽は諸侯を十八に分け、田都は齊王（臨淄王）を封じる、田安は濟北王に為る、田市は膠東王に為る。項羽の所は封じる、田榮は没する、田榮は不服で相手に攻撃をする。漢元年（紀元前206年）五月，田榮は兵を率いて田都を攻撃する。田都は逃亡し西楚に至る。

田荣

田榮、田儋の弟、項羽は諸侯の間で指名される。田榮は待つ、ゆえに田榮は非常に不服。田榮は項羽を拘束する為に東王田市を封鎖し、讓れない膠東の治所（地方自治体の政府の場所を指します）に到る。田市は非常に恐れる、膠東から遁走する。田榮は其れを知った後に激怒します、急いで人々に追いすがり、即に墨將は他を殺した。彼は戻り又濟北の王田安を攻撃し、掌握した他も殺す。項羽は齊王田都を追い払う、田榮は自ら齊王に為り立つ、三齊の土地全てを占領した。

項羽が消息を聞いた後、非常に怒り、それで彼は齊國の北伐の為に起兵します。齊王田榮は大敗を喫します、平原に逃げる、漢二年（紀元前205年）、平原人が田榮を殺した。

田廣

田廣（？～紀元前204年）、田榮の子。漢二年（紀元前205年）正月、田榮の兵は敗れ殺死。項羽は再び立ち田假を齊王に、三月、田假は被田榮の弟、田橫に敗れ、再び楚國に、項羽に殺害されます。田橫は失地を回復する、田廣は王として立つ。漢四年（紀元前203年）十一月、漢王劉邦の使者酈食（紀元前268年～203年）は齊に赴き講和した、田廣と與田橫は同意を與って漢王と和睦して共同で對付項羽を封鎖する。漢の將軍韓信は趁齊國を攻撃し、兵を引き東進し齊國に攻いる。田橫、田廣に激怒、殺してしまいます。韓信の軍勢は（現在の山東濟南）を撃破し、齊都臨淄を攻略する。田廣は逃亡中に殺された。

田橫

田横（？〜紀元前202年）、田儋、田榮の弟。田横は田廣が殺されたことを知った後、自から齊王として立ちます。敗戦後に海外孤島に逃げ、劉邦に降伏を勧める、不従。自殺。彼の部下500人以上自殺し、誰一人も投降せず。劉邦は王室の儀式によって埋葬された。

漢朝から

劉肥

紀元前201年、漢王朝の劉邦皇帝の長男である劉肥が齐王でした。紀元前193年、劉肥は北京王朝に入り、恵皇帝に会います。 恵帝と齐王は宴会を行い、二人は家族の兄弟の礼節と同等の礼節を行いました。呂太后はこれに腹を立て、齐王を罰しようとしていました。齐王は不幸を避けられないのではないかと恐れていたので、彼は史勲の戦略を使って、呂太后の領地として成陽郡を犠牲にする。 呂太后は、齐王が辞して国に戻るので非常に喜ぶ。 劉飛は紀元前189年に46歳で亡くなる。

劉襄

劉襄は劉肥の子、劉肥の死後に王位を継承。紀元前180年。呂后が崩壊し、呂が産まれる、呂祿は政変の準備をする。劉章は其の無謀を密告や陰口で知るが、諸呂（呂產、呂祿等）は兵を入閣のち誅、機会にのって帝位を奪取する、劉襄は遂に挙兵し西に進む。呂產はそれを聞き敏速に兵を率きいて迎撃する、灌嬰は滎陽で駐屯する、齊は使人（人を助ける）と和睦する。後から來た劉章と周勃は諸呂を倒し、大臣は西漢の劉恆を皇帝と為す。即に漢文帝、兵士は帰国する。翌年病死、諡号は哀王。

劉則

劉則（？〜紀元前165年）即に齊文王。齊の哀王劉襄の子。十四年に立ち死、子は無く、国は除かれる、地区は封鎖され漢に帰属。

劉將閭

劉將閭（？〜紀元前 154 年）、齊の悼惠王劉肥の子。漢文帝四年（紀元前176 年）悼惠王子七人を侯とする。他に楊虚も侯。十六年（紀元前 164 年）、文帝が齊を六国に分ける。齊悼惠王子は侯にそして残っている六人は王、他も齊王。漢景帝三年（紀元前 154 年）、吳楚の七國の亂が勃発、他は様子見の見物。齊は三國なみの軍勢、他の一派は救いを求める。辺りは暗く反乱軍も出て来る。欒布（？〜紀元前 145 年）反乱軍を撃破の後に、了解し兵を移動し齊を討伐、懼而自殺。

劉壽

劉壽、劉將閭の子、劉將閭が自殺の後に、漢景帝が立ち、劉壽は齊王に、在位は 22 年。

劉次昌

劉次昌（？〜紀元前 126 年）即に齊厲王。齊懿王は劉壽の子。紀元前131 年に王位に就く。其の妹と姦淫する。主父主父偃は問題を齊相に任ずる、其の事を追究する。他の疑いも畏れ自殺する、国から追放する。

劉閎

劉閎（？〜紀元前 110 年）、漢武帝劉徹の次男、生母は趙地（古代の地名）の王夫人。元狩（紀元前 122 年〜紀元前 117 年）... 六年、劉閎は齊王に任命され、元封（紀元前 110 年〜紀元前 105 年）元年に世を去る。子供も無いので、国から追放です。謚懷は即に齊懷王です。この時点で、西漢はもはや齊王ではありません。

劉縯

劉縯（紀元前 16 年〜紀元 23 年）、別名伯升。東漢光武帝劉秀の兄。新朝（9年 1 月 15 日〜 23 年 10 月 6 日）の末年、他に劉秀等が数千人を率い蜂起する。軍は舂陵に直面、自から柱天都と称し、綠林軍が後から加わる。更に政権建立後に始まる、大司徒に任命される。漢信侯に任命。後に更に帝劉

玄に嫉妬され、劉玄は殺害。後に劉秀は東漢を建立、齊武王は哀れむ。

劉章

劉章、劉縯の子。建武二年（元年：25 年六月〜 末年：56 年四月）、太原王
として立つ、11 年に齊王と為す。15 年、齊武王は諡号を称える。少し
孤独を感じる、光武は感情が激しく、育成に恩情愛情を注ぐ。其の依り
貴重な、親族の事柄を欲し法令を設け、故に平陰令を試験的に出す。太
守は梁郡に還る。

劉石

劉石, 齊哀王劉章の子。建武二十七年（紀元 51 年）、初めて劉石は国王。
在位二十四年末、諡号は日煬。

劉晃

劉晃及弟の利侯劉剛と母の太姫宗はお互いに虚実の告発をした。章
和元年（元年：87 年七月・末年：88 年）、あらゆる話が出来る司奏（皇帝に
意見を云う）がいる、剛爵は庶人に為る。漢章帝劉炟は遣謁（古代の官名）
者收晃を遣わし太姫に印章を授かる。劉晃は當十七年に齊王の後に爵か
ら侯に下がる。

劉無忌

劉無忌、劉晃の子。漢章帝は劉縯の後嗣(齊王支系)全ての罪は無くなる。
常常に起る難題は過ぎ去る。當時の劉縯は別の系統の末裔で北海王の枝
の系統で絶滅した。漢章帝が亡くなりかけている時に次の勅令は 2 国の
復興を待つ。漢和帝永元二年（元年：89 年、末年：105 年三月）、再度齊王
は復帰する、是れ、惠王は為す。立五十二年に薨。

劉喜

劉喜、劉無忌の子。在位 5 年。死後

劉承

劉承、劉喜の子。漢献帝建安十一年（206年）、国を廃止する

張歩

（建武八年）張歩（?～32年）、別名文公、瑯琊郡不其県（現在の山東省の墨市西南）人。新朝王莽の末年、天下大亂、機会を伺い起兵する。齊の土地を十二郡に分割する。後に別人皇帝の一族劉永に一部割り当て、齊王に指名される。紀元29年（建武五年）、劉秀は敗れ、投降した。紀元32年、無叛逃亡、被殺。

序	諡号	姓名	在位年代	年数	備考
1	斉悼惠王	劉肥	前201年－前188年	1	漢高祖の子
2	斉哀王	劉襄	前188年－前178年	13	
3	斉文王	劉則	前178年－前164年	14	
4	斉孝王	劉將閭	前164年－前153年	11	
5	斉懿王	劉寿	前153年－前130年	23	
6	斉厲王	劉次昌	前130年－前125年	5	
7	斉懷王	劉閎	前117年－前110年	8	漢武帝の子
8	斉哀王	劉章	25年－46年	21	漢光武帝の任
9	斉煬王	劉石	46年－70年	24	
10	斉王	劉晃	71年－87年	16	
11	斉惠王	劉無忌	90年－142年	52	
12	斉頃王	劉喜	142年－147年	5	
13	斉王	劉承	147年－206年	61	

三国

魏国

曹芳（232年～274年）、別名蘭卿、是は三国時代魏朝第三代皇帝。曹芳は魏明帝の養子、但し自からは宮中で成長したと曹芳は云うが、出生の來歴は全て不詳。《魏氏春秋》記載、曹芳は城王曹楷の子とする。魏青龍三年（235年）、封為齊王、紀元239年太子になる、當年帝位に就く。年号を景初とする、紀元240年に年号を正始に改める、即位した後に大將軍曹爽、に太尉司馬懿が補助して共同で政治を行う。魏正始十年（249年）、司馬懿が高平陵事件を起す。曹爽（之後滅する三族）は放棄し、軍事力を独善的に掌握する。年号を嘉平（408年十一月～414年七月）に改める。司馬懿の死後、其の子司馬師が朝帝の政治を掌握、曹芳は李豊と連合した、張緝（？～254年）、夏侯玄等は意図的に司馬師を除く、改めて夏侯玄は立ち大將軍になる、三人は司馬師依って捜がし出す“衣帶詔”、腰を斬る滅族（古代酷刑）。紀元254年、曹芳被司馬師廢去帝號，別命齊王と名乗る。別々に曹髦（241年11月15日～260年6月2日）は帝に為す。司馬師、司馬昭相ついで権力を掌握する。晉國立國の後に封は邵陵縣公になる、死後の諡号は“厲公”。

呉国

孫奮

　孫奮（？～270年）、別名子揚、孫権の第五子，生母は仲姫。

　呉大帝太元二年（紀元252年）、孫奮は齊王として立ち、武昌県（長江南岸）に居る。同年，呉大帝孫権はこの世から逝世、諸葛格は恭敬して権力を握る。他の望みはないが諸王（古代に皇帝から託された王子と王を意味する）が居住するのは戦略上の要地で長江の入江近く、孫奮（？～270年）は豫章（現在の今江西省北部）に還り、住む。孫奮は命令に背き従わない、又数回法令違反をする。諸葛恪は上書勸以て孫奮に忠告する、希望が他に有る場所なら調整する、法律を遵守する事、東呉に忠実、以って休日の後に兄の魯王孫霸に遭ったら殺されない様に（殺身之禍）。（《諸葛恪勸孫奮書》）

　諸葛恪の上書の後に孫奮は大変怯え、於って南昌に居を移します。

孫奮は又狩猟に夢中です、役人や部下は惨めな（苦不堪言）。其の後に諸葛恪は孫峻に誅殺される、孫奮は去り蕪湖に至る、着くと建業（都城）で朝中事変を見る。謝慈等が孫奮に助言する、孫奮が殺害する。孫奮は無断で官吏を殺す而に位を剥奪されて一般人になる、放浪のち章安県に入る。太平三年（紀元258年）、又章安侯になる。

呉末帝建衡二年（紀元270年）、孫皓の寵妃左夫人王氏が亡くなる。孫皓は十分に悲しみ傷つく、嘆き続ける、何カ月も外出をしていない、孫皓が死んだと傳聞説が民間では更に有る、孫奮と上虞侯孫奉の両人の内どちらかが皇帝に為ると言いふらす人もいた。豫章に孫奮の生母仲姫の陵墓がある。豫章太守張俊に孫奮會が擁立する傳聞は半信半疑だ、仲姫の陵墓を清掃する。孫皓が知った後、以って車裂（人の頭と手足を異なる方向に引っ張る）で張俊を処刑する。三族を誅滅し、並びに孫奮及他五人の兒子を殺す。國は廃止。

孫練
孫練，呉末帝の孫で皓の第三子、別名待考。 269年に東平王、272年齊王に改める。

1　秦末
1.1 田儋　1.2 田假　1.3 田市　1.4 田都　1.5 田荣　1.6 田廣　1.7 田横
1.8 韓信
2　漢朝
2.1 劉肥　2.2 劉襄　2.3 劉則　2.4 劉將閭　2.5 劉壽　2.6 劉次昌　2.7
劉閎　2.8 劉縯　2.9 劉章　2.10 劉石　2.11 劉晃　2.12 劉無忌　2.13
劉喜　2.14 劉承　2.15 張步　2.16 列表
3　三国
3.1 魏国
4　晋朝
4.1 司馬攸　4.2 司馬冏　4.3 司馬照　4.4 司馬超　4.5 司馬柔之　4.6

三国

魏国

曹芳（232 年～274 年）、別名蘭卿、三国時代魏朝第三代皇帝。曹芳是魏明帝的義子，但自小在宮中成長的曹芳，出生來歷一概不詳。《魏氏春秋》記載，曹芳應該是任城王曹楷之子。魏青龍三年，封為齊王，公元 239 年被立為太子，當年登基即帝位，年僅八歲。改年號景初，公元 240 年改年號為正始，即位後由大將軍曹爽、太尉司馬懿共同輔政。魏正始十年（249 年），司馬懿發動高平陵事件，罷廢曹爽（之後滅三族）獨掌軍國大權，改年號為嘉平。司馬懿死後，其子司馬師把持朝政，曹芳聯合李豐、張緝、夏侯玄等意圖罷除司馬師，改立夏侯玄為大將軍，三人被司馬師搜出“衣帶詔”，腰斬滅族。公元 254 年，曹芳被司馬師廢去帝號，貶為齊王，另立曹髦為帝。司馬師、司馬昭相繼掌權。晉國立國後封為邵陵縣公，死後諡“厲公”。

魏氏春秋記載と言われるようにこの文章を元に訳し記載しています。「出生來歷一概不詳」と云いながら。封は「魏青龍三年，封為齊王，紀元 239 年被立為太子，當年登基即帝位，年僅八歲。」で幼帝となっています。

魏は太祖、曹操その子、曹丕その後が曹叡です。曹叡（明帝）と曹芳双方の生死年代が解っています。この年代を比べて見ます。

曹叡

魏明帝曹叡（204 年—239 年 1 月 22 日）字元仲、沛國譙縣（今安徽省亳州市）人。曹魏第二位皇帝。魏文帝曹丕長子，母為文昭甄皇后。

黃初三年（222 年），曹叡封平原王，黃初七年（226 年）五月，魏文帝病重，立曹叡為皇太子，即位於洛陽。曹叡在位期間指揮曹真、司馬懿

等人成功防禦了吳、蜀的多次攻伐，並且平定鮮卑，攻滅公孫淵，設置律博士制度，重視獄訟審理，與尚書陳群等人制《魏律》十八篇，是古代法典編纂史上的重大進步。魏明帝在軍事，政治和文化方面都頗有建樹，但在統治後期大興土木，廣採眾女，因此留下負面影響。

景初三年（239 年），曹叡病逝於洛陽，年僅三十六歲，廟號烈祖，諡號明帝，葬於高平陵。曹叡能詩文，與曹操、曹丕並稱魏氏“三祖”，原有集，已散佚，後人輯有其散文二卷、樂府詩十餘首

曹芳

曹芳（232 年－274 年），別名蘭卿，沛國譙縣（今安徽省亳州市）人。三國時期魏國第三位皇帝（239 年 1 月 22 日～254 年 10 月 17 日在位），疑為魏武帝曹操曾孫，任城威王曹彰之孫，任城王曹楷之子。

太和六年（232 年），生於任城王府。青龍三年（235 年），選為魏明帝曹叡養子，冊封齊王。景初三年（239 年），立為皇太子，同日魏明帝曹叡病死，曹芳正式即位，由大將軍曹爽和太尉司馬懿共同輔政。正始十年，經歷高平陵之變，曹爽倒台，政權落入司馬氏手中。嘉平六年（254年），中書令李豐和光祿大夫張緝圖謀廢掉司馬師，改立夏侯玄為大將軍。司馬師平定叛亂後，將曹芳廢為齊王，擁戴高貴鄉公曹髦繼位。西晉建立後，冊封邵陵縣公。

曹芳は三国志では劉封（？～220 年）です。220 年に亡くなった劉封が曹魏に還ると曹叡（204 年～239 年 1 月 22 日）が 36 歳で亡くなります。劉封は 220 年に倭に来て日本在住は 232 年－220 年＝12 年です、1～3 年位の誤差は生じます、曹芳が 239 年に即位します。

三国志巻四　魏書四　三少帝紀第四

齊王諱芳，字蘭卿。明帝無子，養王及秦王詢；宮省事秘，莫有知其所由來者。青龍三年，立為齊王。景初三年正月丁亥朔，帝甚病，乃立為皇太子。是日，即皇帝位，大赦。尊皇后曰皇太后。大將軍曹爽、太尉司馬

宣王輔政。詔曰：「朕以眇身，繼承鴻業，煢煢在疚，靡所控告。大將軍、太尉奉受末命，夾輔朕躬，司徒、司空、冢宰、元輔總率百寮，以寧社稷，其與群卿大夫勉勗乃心，稱朕意焉。諸所興作宮室之役，皆以遺詔罷之。官奴婢六十已上，免為良人。」二月，西域重譯獻火浣布，詔大將軍、太尉臨試以示百寮。

丁丑詔曰：「太尉體道正直，盡忠三世，南擒孟達，西破蜀虜，東滅公孫淵，功蓋海內。昔周成建保傅之官，近漢顯宗崇寵鄧禹，所以優隆雋乂，必有尊也。其以太尉為太傅，持節統兵都督諸軍事如故。」三月，以征東將軍滿寵為太尉。夏六月，以遼東東沓縣吏民渡海居齊郡界，以故縱城為新沓縣以居徙民。秋七月，上始親臨朝，聽公卿奏事。八月，大赦。冬十月，以鎮南將軍黃權為車騎將軍。

十二月，詔曰：「烈祖明皇帝以正月棄背天下，臣子永惟忌日之哀，其複用夏正；雖違先帝通三統之義，斯亦禮制所由變改也。又夏正於數為得天正，其以建寅之月為正始元年正月，以建丑月為後十二月。」

正始元年春二月乙丑，加侍中中書監劉放、侍中中書令孫資為左右光祿大夫。丙戌，以遼東汶、北豐縣民流徙渡海，規齊郡之西安、臨菑、昌國縣界為新汶、南豐縣，以居流民。

自去冬十二月至此月不雨。丙寅，詔令獄官亟平冤枉，理出輕微；群公卿士讜言嘉謀，各悉乃心。夏四月，車騎將軍黃權薨。秋七月，詔曰：「易稱損上益下，節以製度，不傷財，不害民。方今百姓不足而御府多作金銀雜物，將奚以為？今出黃金銀物百五十種，千八百餘斤，銷冶以供軍用」八月，車駕巡省洛陽界秋稼，賜高年力田各有差。

二年春二月，帝初通論語，使太常以太牢祭孔子於辟雍，以顏淵配。

夏五月，吳將朱然等圍襄陽之樊城，太傅司馬宣王率衆拒之。六月辛丑、退、己卯，以征東將軍王淩為車騎將軍。冬十二月，南安郡地震。

三年春正月，東平王徽薨。三月，太尉滿寵薨。秋七月甲申，南安郡地震。乙酉，以領軍將軍蔣濟為太尉。冬十二月，魏郡地震。

四年春正月，帝加元服，賜群臣各有差。夏四月乙卯，立皇后甄氏，大

赦。五月朔，日有食之，既。秋七月，詔祀故大司馬曹真、曹休、征南大将軍夏侯尚、太常桓階、司空陳羣、太傅鍾繇、車騎將軍張郃、左將軍徐晃、前將軍張遼、右將軍樂進、太尉華歆、司徒王朗、驃騎將軍曹洪、征西將軍夏侯淵、後將軍朱靈、文聘、執金吾臧霸、破虜將軍李典、立義將軍龐德、武猛校尉典韋於太祖廟庭。冬十二月，倭國女王俾彌呼遣使奉獻。

　五年春二月，詔大將軍曹爽率衆徵蜀。夏四月朔，日有蝕之。五月癸巳，講尚書經通，使太常以太牢祀孔子於辟雍，以顏淵配；賜太傅、大將軍及侍講者各有差。丙午，大將軍曹爽引軍還。秋八月，秦王詢薨。九月，鮮卑內附，置遼東屬國，立昌黎縣以居之。冬十一月癸卯，詔祀故尚書令荀攸於太祖廟庭。己酉，復秦國為京兆郡。十二月，司空崔林薨。……

　三少帝紀第四に記載されている文章から曹芳（卑弥弓呼）と俾彌呼（文瓶）の関係が解ります。正始元年は紀元240年です。朝貢は正始四年十二（紀元244年12月）に行われています。文瓶が渡来したのは紀元205〜206年に年齢は20前後とすれば244−206＝38で40歳前となります。注目をするのは三国志巻四　魏書四　三少帝紀第四では俾彌呼（Bǐ mí hū）と記載しています。三国志巻三十　魏書三十　烏丸鮮卑東夷傳第三十では卑彌呼（現代語 Bēi mí hū，古代語 Bǐ mí hū）と書いています。これで俾彌呼と卑彌呼のふたりが居た事を証明できます。卑彌呼は倭に来てから外出の出来ない体になっていますので卑彌呼をフォローしたのが男装の俾彌呼です。其の後は卑弥呼の宮殿や水田が災害に襲われ卑弥呼（劉夫人）が亡くなります。俾弥呼は奴100人と卑弥呼の葬儀を済ませます。この三少帝紀第四章を見落とせば倭で活躍した俾弥呼は解りません。

三国志巻三十　魏書三十　烏丸鮮卑東夷傳第三十

　正治元年、太守弓遵遣建中校尉梯雋等奉詔書印綬詣倭國，拜假倭王，并齎詔賜金、帛、錦罽、刀、鏡、采物，倭王因使上表答謝恩詔。倭國女王卑彌呼遣使奉獻。其四年（243年）、倭王復遣使大夫伊聲耆、掖邪狗等八人，上獻生口、倭錦、絳青縑、綿衣、帛布、丹木、〈犭付犾〉、短

弓矢。掖邪狗等壹拜率善中郎將印綬。

三国志巻四　魏書四　三少帝紀第四
政始 4 年（243 年）冬十二月，倭國女王俾彌呼遣使奉獻。

　何度も朝貢していますが政始 4 年（243 年）は同じです。先の卑弥呼と別にこれで俾彌呼も卑弥呼も同じ人物だと解りますが、魏書三十で卑弥呼を解り難くしています。真実は朝貢の日にちを合わせば俾彌呼が卑弥呼と解る陳寿の心配りです。

　三国志の著者陳寿と俾彌呼が口裏を合わせなければ此処まで倭のことを詳しく陳寿が書く事が出来ないと三国志を読んでいる内に気がつかれるでしょう。倭と云う文字も人偏に禾（稲）の下に女です。

　禾（拼音：hé）漢日詞彙 [1]，這個字是事業的開始 [2]。　一個粟子的老式形象，一個下垂的醜陋的作物，一個粟，一個粟，一個粟。　臨時米手指。

　この文字は [1] 漢と日の単語です [2] この文字は漢字の由来であり、事を為す始めです。一個粟子（sogja）は一個名前で谷子です。粟はあわ、粟米はとうもろこしで地方の方言です、何を言っているのか？　日本語で段々畑と棚田と云う言葉が有ります。日本人の遠祖は条件の好い平野で無く北の祖は段々畑で粟を食料として、お米は中国から購入しています、南の長江沿いの祖は棚田でお米を栽培しています、棚田の稲作の効率は悪いが自然災害に強く、この棚田で日本人は命を繋ぎました、其れに比べ水田の効率は良いが自然災害に弱く、一度災害に遭えばその地を捨てなければなりません。禾を使う倭の女人は北から来た卑弥呼達を連想させますが倭に来た卑弥呼達は水田に驚いたでしょう、何故なら越の人達が既にお米を水田で栽培していたからです。

　倭は Wō で「わ」ではありません、この漢字は日本人では発音が出来ません。瓦 Wǎ も「わ」は蓋 Wǎ で日本人は発音できます。蓋は馬韓の前身で紀元前 800 年に週王（燕）に敗れ滅亡します。百済に日本から援軍を送ったのも閩越（楚・蜀・呉・福）が遠祖の人達ではないか？　勿論、

蓋の人は倭種です。

　これ以外でも大分の阿蘇山で馬の放牧、群馬の榛名山で馬の放牧、群馬には日本最古の多胡石碑が有りますが、胡とは鮮卑・烏丸のことです。馬の放牧は誰が始めたのか？　多胡石碑は誰が立てたのか？　朝鮮半島を高句麗が征圧した時代に鮮卑も女真族も高句麗と行動を共にしています。女真は半地下の洞くつが住みかです。其れが土蜘蛛？　年代が正確でなければ正しいとは言えません。

第八章

穴戸

　最大の難関です。何故なら史料が少なく、また Fiction ですが何処から纏めたら良いのか見当さえ付きません。一番近い山口の下関、しかし他の行程に離れ過ぎて迷ってしまいますから、俾弥呼と素盞嗚の足取りを追って行きます。吉野里宮から外出が出来ない劉夫人を置いて男子姿の俾弥呼が海部郡宮浦に、今の別府湾です。熊襲（熊王の熊を襲名）討伐に進軍された景行天皇を迎えに行きました。此処では爰女人有日神華磯姫（古事記・日本書記）です。景行天皇一行は周防国佐婆津豊浦から出港しています。周防国からは素盞嗚と月読命の軍勢を引連れて出雲国に向かいます。

　　播磨国風土記　五　揖保郡
　　枚方里。土中　所以名枚方者、河内国茨田郡枚方里漢人、来到始居此村。
　　故、曰枚方里。佐比岡。所以名佐比者。出雲之大神、在於神尾山。此神出雲国人経過此処者、十人之中留五人，五人之中留三人。故、出雲国人等、　作佐比祭於此岡。遂不和受所。所以然者、比古神先来、比売神後来。此、　男神不能鎮而、行去之。所以、女神怨怒也。然後、河内国茨田郡枚方里漢人、来至居此山辺而、敬祭之。僅得和鎮。因此神在、名曰神尾山。又、作佐比祭処、即号佐比岡。

　出雲国から播磨国には素盞嗚が行って平定出来ずに還ってしまい、この時には素盞嗚は佐比と名乗っています。佐比のことを出雲の大神と

言っていますから、出雲大社（杵築神社）の祭神は大国主の命は素盞鳴を云っています。

俾弥呼は吉野里から播磨国に息長姫命を補佐する為に来て、此処では比売と名乗っていますが佐比は平定できず比売が激怒します。この平定は理解できていません。倭国大乱の影響なら皇位継承戦乱事件です。景行天皇の次は仲哀天皇ですが成務天皇が皇位を継承します。これに絡んで淡島と蛭子は島に入れず、淡島は鳴門の渦潮で解りますが、蛭子が解りません。

穴戸は何カ所もこれでないかと思われる箇所が有りますが、決定的な答えが出来ません。仲哀天皇・大碓と息長帯姫と穴戸で8年共に暮らします。結ばれてから8年共に暮らして懐妊されるのは年代が不自然なので共に暮らして8年目に結ばれた、息長帯日売命（播磨国風土記）が13才なら5才の時に穴戸に来たことに為ります。仲哀天皇は15才で倭武・小碓と双子の兄弟として印南別嬢（播磨国風土記）に育てられますから年齢は同じになります。父親は景行天皇です、母親が仲哀天皇は印南別媛で倭武の母親は俾弥呼です、父親はどちらも同じですから仲哀天皇と息長帯姫は従妹同士に為りますが、別に特別な話ではありません。近年までいとこ同士は鴨の味と言われていました。印南別媛は有年で亡くなります、有年は書き言葉で長い年ですから長生きして亡くなった。では、別媛から倭武と息長帯姫が離れて暮らしたわけは？解りませんが事件は有ったでしょう。倭健はどこに？　気長姫の行程に松浦（Matsuura）から新羅に渡り3韓を征伐して宝物を持ちかえる、この話は身重の壹興（気長姫）では出来ない、新羅に行くのでは無く袁紹の墓陵を造り、袁紹夫人の劉に曹操が与えた宝物を朝鮮半島から倭に来る途中の島に隠して置いて宝物を引き上げに行きます。

播磨国風土記では比売で、肥後国風土記では早津媛と、記紀に於いては爰女人と表現が違います。播磨国風土記の比売は比古が須佐能袁の佐（助ける）に合わせ、佐比、ひこの当て字で比古神と使っています。比売の売（Mài）は買（Mài）と同じですから比売神に使いました。姫、媛、

比売と同じ意味です。肥後国風土記の早津媛は早津江川の上流と言っても汐止まりの北に向かえば吉野里の宮殿があります。記紀の爱女人は烏丸の爱の女のひとと雲（云う）ってます。ここで理解できるのは山越せば全く違う、文字と言葉がばらばらです。それらを記紀が全て纏めるのは物理的に無理な事で記紀の編纂者の御苦労が分ります。秦の始皇帝でさえ出来なかった文字の統一です。これは同じ人で三国志では俾弥呼＆卑弥呼で、文瓶姜です。彼女が全て三韓征伐と称した宝物でCudeterを成したのでしょうか？　曹操から貰った宝物だけでは長年に渡り君臨することに無理が有ります。

　景初二年六月，倭女王遣大夫難升米等詣郡，求詣天子朝獻。大守劉夏遣吏將送詣京。詔封為親魏倭王。以難升米為率善中郎將，次使牛利為率善校尉，賜物答其貢直，又別有特賜。

　三国志の烏丸鮮卑東夷傳の倭の項を参照します。

　景初二年（紀元238年・明帝）六月、倭女王（俾弥呼）は稲の医師の難升米（稲作の研究者）等を遣わし郡（古代の行政区域・魏）に詣でる、詣でて皇帝に或るものを求めた。大守劉夏（時代は漢朝、曹魏帯方郡太守）は関係者が北京に詣でたいと遣わす。親魏倭王が詔封（言葉で無く皇帝の礼状の意味で解ったと認めている）を為す。難升米は魏から善い将軍と言われた、牛利は善中尉、賜物の答は其の教えで、別に特別な賜り物は有りません。この文章で解るように俾弥呼は、稲作の研究は魏まで足を運びお米の量産を図る等、北陸地方の米どころ？　摂津平野？　俾弥呼は現代でも通用するCareer womenです。吉野里の宮殿は災害（洪水・土砂崩れ）で外に出られない劉夫人は亡くなります。この後に住いを伊勢に移すなら其の間の居城が穴戸（Anato、安那多・Ān nà duō）ではないか？　十分な資金を以って偉業を成し遂げた俾弥呼の居城の穴戸は何処でしょうか？　あえて不明にしているのは理由が有るのでしょう、それは防衛上ではないか？　一般的な集落の形では？　穴戸の次はと尋ねに俾弥呼の痕跡を追ってみ

ます。

　播磨国の揖保郡では

　比子神先来、比売神後来、此、男神不能鎮而、行去此、女神怨怒也。

　素盞能は先に来た、俾弥呼は後から来る、これ、素盞鳴は鎮めるのが
不能而、此れ去って行く、俾弥呼は怨み怒るなり。

　次は古語捨遺では

　泊＝千巻向玉城朝＿、令三皇女倭姫奉レ斉＝天照大神＿。仍、随＝神教＿立
＝其祠於伊勢国五十鈴川上＿、因、興＝斎宮＿、令＝倭姫居＿焉。始在＝天上＿、
預結＝幽契約＿、深有レ以矣。

　明るい外観の巻向玉城に泊り、その朝、天照大神（劉）の斉（斉王）に
皇女倭姫（俾弥呼）は奉じる、再度、神教に随い其の祠（神社）は伊勢国
五十鈴川上に立つ、何故なら、斎宮を興す、倭姫は姉妹と焉（ここ・誤っ
て使用される元は鳥）居る、始めは天上に在る、決められたことを合意を
する、以って深いことだ、矣（前の文を強調する文字）吉野から萩の近く？
穴戸それから播磨、播磨から巻向、玉城、磯城とその行動は吉野里から
離れて移動しています。

　出雲国風土記の素盞能は佐比・比子神と書いています、俾弥呼は比売
神と書いているのは播磨国風土記と出雲国風土記と同じ書き方をしてい
るので共通点が有ります。出雲の国から播磨の国に素盞能は先に来たと
か去って行くと言っている。この時は素盞能が出雲国に居て俾弥呼は播
磨の国で仲哀天皇の御子、麛坂皇子と忍熊皇子が父、仲哀天皇が納めら
れた棺を奪う為に播磨国に向かいます。仲哀天皇の軍隊は官軍です、そ
の軍隊が俾弥呼側に就く経緯、息長宿禰に武内宿禰の関係と麛坂皇子と
忍熊皇子と戦った軍勢も具体的な事は解りませんが、明石の水軍が天皇
（俾弥呼）に味方した伝承も有りますが不明です。

第九章

劉と文瓶

劉から始めますと、劉の名前がもっとも古く出て来るのは劉累です。劉累（華夏族・紀元前 1898 年～紀元前 1788 年）は《帝系譜》（黄帝の系譜）によると古代部族同盟の三人の皇帝の長である太昊伏義氏が少典を娶り、妻から黄帝軒轅（史記記載）が産まれたことを記載しています。黄帝の子孫陶唐氏、唐の首領堯（祁堯［約前 2447 ～前 2307 年、一設約前 2377 ～前 2259 年］姓は祁、名は放勳、五帝の一、慶都を興した帝嚳［姫姓、名俊、華夏族］。高辛で産まれる［現在の河南省商丘市睢陽区高辛鎮区高辛鎮の子］）の末裔は劉姓で、始祖に為ります。彼の若いころ、劉累は豢龍氏董父に学ぶため豢龍に会いに行きます。龍の豢龍氏です。約紀元前 1879 年、夏孔甲帝の時代に、龍が天から降ります。龍が降りたのは現在の河南省臨穎県の豢龍城東南の角の盪の溝です。孔甲（姒孔甲（生卒年不詳），姒姓，名孔甲，老丘（現代の河南省開封市）の人）派の劉累は此、養龍に至ります。七年は久しい。劉累は御龍家から学び龍を養い、孔甲（姒孔甲［生年月日未詳］姒姓、名孔甲、老丘［今河南省開封市］人、不幸な息子、変わった甥、煩い兄弟、がいて夏王朝第十四代君主）が御龍氏、豕韋が君主の代行をする。

劉累の事績が最も早くされたのが戦国時代の成書の《竹書紀年》《左傳》。其の他の様々な記載內容の載った文献は多数ある。劉累の生活は夏華時代姒孔甲の年間に在った、魯山（河南省中西部）に居る、死後は河南魯山県で葬儀が行われた。劉累が出生した時に手の平に“劉累”の紋様が現れ、家人は吉祥（目出度い）と考え、遂に劉累の名を為す。劉累の故城は洛州緱氏県（現在の河南偃師）南五十五里にある。再び劉累の

亡くなった地、相い伝える龍時代の住いの場所。劉累は最も古い劉氏第十八世祖を為す、御龍堂は劉氏始祖。

　これが劉姓の初めですが、劉姓に拘るのは漢の開祖、劉邦と漢末の劉備は良く知られていますが見落としが有ります。応仁天皇が倭に招いた阿知主の話です。漢末に倭に来た阿知主の名前が解りませんが、漢末なら劉姓で倭に来てから名前を変えた元の劉の字を調べて見ます。

劉姓始祖	劉累（御龍氏）
居住郡	彭城郡、中山郡、長沙郡、南陽郡
堂 号（県）	御龍堂、豢龍堂、沛國堂、中山堂
歴史人物	劉邦、劉徹、劉備、劉少奇等

　系図では応仁天皇が 270 年〜 310 年ですが、卑弥呼の渡来 206 年・20 才が私の計算です。倭に来て景行天皇との御子の神宮皇后が最低の年度で 207 年 +13 才(神宮皇后の御年) ≒ 220 年以降に応仁天皇が産まれる。阿知主の渡来は 220 年以降として考えてみました。その後の主だった劉を調べて見ました。

　劉洪：(約 130 〜 196 年)，中國古代傑出的天文學家和數學家。
　漢獻帝劉協（181 年〜 234 年 9 月 19 日），東漢最後一位皇帝，在位時間是 189 年至 220 年。於 220 年被迫禪讓帝位給曹丕，劉協被封為山陽公。
　漢昭烈帝劉備：字玄德，（150 〜 222），三國時期軍事家，政治家。三國時蜀漢的建立者，漢中山靖王劉勝的裔孫。一生以仁義為本，頗得民心。
　劉元梁：晉代南郡破城英雄，曾被封為上卿，後被奸臣所害貶為右准尉，精通詩詞，頗有文采，詩作眾多，後被庸王抄家，才不得已保存至今，殘詩作有反昭新書等。
　劉徽：三國時代魏國數學家。著有《九章算術》（九卷）、《海島算經》等。
　劉伶："竹林七賢"之一。曾為建威將軍王戎幕府下的參軍。平生嗜酒，

曾作《酒德頌》，宣揚老莊思想和縱酒放誕之情趣，對傳統"禮法"表示蔑視。

劉琨：（271 年〜318 年），西晉愛國將領，也是著名的詩人、音樂家。成語"聞雞起舞"的人物之一。

劉淵即漢光文帝，字元海。新興（現代の山西忻州）人。十六國時漢國建立者，西晉末年起兵反晉，稱大單于，後改稱漢王。永嘉二年稱漢帝，建都平陽．公元 304 〜 310 年在位（308 年稱帝）。

この文章で一番該当者に近いのが、漢献帝劉協ではないかと考えました。東漢最後の皇帝です。その後に 220 年に魏の曹丕に帝位を譲っています。

その箇所を訳してみます。

漢王朝の最後の皇帝である漢王朝の献帝は 220 年、彼は曹丕に王位を譲ることを余儀なくされ、劉協は山陽卿に指名されました。

劉協とは、

漢獻帝劉協（181 年 4 月 2 日〜234 年 4 月 21 日），別名伯和 、河南洛陽人。東漢末代皇帝（189 年〜 220 年在位），漢靈帝劉宏嫡次子，漢少帝劉辯異母弟，母為靈懷皇后王榮。

早年得到董太后撫養，舉止端莊，時稱"董侯"。漢少帝即位，冊封渤海王。經歷宦官之亂，改封陳留王。中平六年（189 年 9 月 28 日），在司空董卓擁立下，即位為帝。董卓伏誅後，受到董卓部將李傕和郭汜挾持，在楊奉和董承護送下，返回洛陽。建安元年（196 年），依附於兗州牧曹操，遷都許昌。不甘淪為傀儡皇帝，策動董承和伏完起事，結果沒有成功。建安二十五年十月乙卯（220 年 11 月 25 日），在魏王劉協逼迫下，退位禪讓，降封山陽郡公，保留天子禮儀，將二個女兒嫁於曹丕。

青龍二年（234 年），去世，時年五十四歲，安葬於禪陵，諡號為獻，史稱漢獻帝。

ここで 220 年と言えば劉封が同じ年に劉備から死を賜ります。劉協は帝位を曹丕に 220 年に譲ります。220 年〜 234 年までなら十分に劉封

と共に行動するのは頷けます。この二人は倭に来て劉封は月読命に劉協は阿知主に長くは倭に滞在して居ないのでは？　劉封は曹芳と名を変え魏に劉協は表舞台には立たず山陽郡の田舎暮らしで多くの人から慕われます。魏を曹丕に譲り追われた劉協と、劉備に追われた劉備の子、劉封が曹丕の後の曹叡の後を曹芳と名を変え魏の皇帝に為ります。

　最後の東漢の皇帝ですから、三国志で見る事はできませんが漢末の様子が詳しく書かれています。後漢書に記載している漢末の様子から。

後漢書・巻九 考献帝記第九

　孝獻皇帝諱協、靈帝中子也。母王美人、為何皇后所害。中平六年四月，少帝即位、封帝為勃海王、徙封陳留王。

　九月甲戌、即皇帝位、年九歲。遷皇太后於永安宮。大赦天下。改昭寧為永漢。丙子、董卓殺皇太后何氏。

　初令侍中、給事黃門侍郎員各六人。賜公卿以下至黃門侍郎家一人為郎，以補宦官所領諸署、侍於殿上。

　乙酉、以太尉劉虞為大司馬。董卓自為太尉、加鈇鉞、虎賁。丙戌，太中大夫楊彪為司空。甲午，豫州牧黃琬為司徒。

　遣使吊祠故太傅陳蕃、大將軍竇武等。冬十月乙巳，葬靈思皇后。

　白波賊寇河東、董卓遣其將牛輔擊之。

　十一月癸酉，董卓（自）為相國。十二月戊戌，司徒黃琬為太尉，司空楊彪為司徒，光祿勳荀爽為司空。

　省扶風都尉、置漢安都護。

　詔除、昭寧、永漢三號，還復中平六年。

　初平元年春正月，山東州郡起兵以討董卓。

　辛亥，大赦天下。

　癸酉，董卓殺弘農王。

　白波賊寇東郡。

　二月乙亥，太尉黃琬、司徒楊彪免。

庚辰、董卓殺城門校尉伍瓊、督軍校尉週珌。以光祿勳趙謙為太尉，太僕王允為司徒。

丁亥、遷都長安。董卓驅徙京師百姓悉西入關，自留屯畢圭苑。

壬辰，白虹貫日

三月乙巳、車駕入長安、幸未央宮。

己酉、董卓焚洛陽宮廟及人家。

戊午，董卓殺太傅袁隗、太僕袁基、夷其族。

夏五月，司空荀爽薨。六月辛丑，光祿大夫種拂為司空。

大鴻臚韓融、少府陰脩、執金吾胡母班、將作大匠吳脩、越騎校尉王瑰安集關東，後將軍袁術、河內太守王匡各執而殺之，唯韓融獲免。

董卓壞五銖錢、更鑄小錢。

冬十一月庚戌、鎮星、熒惑、太白合於尾。

是歲、有司奏、和、安、順、桓四帝無功德、不宜稱宗、又恭懷、敬隱、恭愍三皇后並非正嫡、不合稱後、皆請除尊號。制曰：「可。」孫堅殺荊州刺史王叡、又殺南陽太守張諮。

二年春正月辛丑、大赦天下。

二月丁丑、董卓自為太師。

袁術遣將孫堅與董卓將胡軫戰於陽人、軫軍大敗。董卓遂發掘洛陽諸帝陵。夏四月、董卓入長安。

六月丙戌、地震。

秋七月、司空種拂免，光祿大夫濟南淳于嘉為司空。太尉趙謙罷、太常馬日磾為太尉。

九月、蚩尤旗見於角、亢。

冬十月壬戌、董卓殺衛尉張溫。

十一月，青州黃巾寇太山，太山太守應劭擊破之。黃巾轉寇勃海、公孫瓚與戰於東光、復大破之。

是歲、長沙有人死經月復活。

三年春正月丁丑，大赦天下。

袁術遣將孫堅攻劉表於襄陽、堅戰歿。

袁紹及公孫瓚戰於界橋、瓚軍大敗。

夏四月辛巳、誅董卓、夷三族。司徒王允錄尚書事、總朝政、遣使者張種撫慰山東。

青州黃巾擊殺兗州刺史劉岱於東平。東郡太守曹操大破黃巾於壽張、降之。

五月丁酉、大赦天下。

丁未、征西將軍皇甫嵩為車騎將軍。

董卓部曲將李傕、郭汜、樊稠、張濟等反、攻京師。六月戊午、陷長安城、太常種拂、太僕魯旭、大鴻臚週奐、城門校尉崔烈、越騎校尉王頎並戰歿、吏民死者萬餘人。李傕等並自為將軍。

己未、大赦天下。

李傕殺司隸校尉黃琬、甲子、殺司徒王允、皆滅其族。丙子、前將軍趙謙為司徒。

秋七月庚子、太尉馬日磾為太傅、錄尚書事。八月、遣日磾及太僕趙岐、持節尉撫天下。車騎將軍皇甫嵩為太尉。司徒趙謙罷。

九月、李傕自為車騎將軍、郭汜後將軍、樊稠右將軍、張濟鎮東將軍。濟出屯弘農。甲申、司空淳于嘉為司徒、光祿大夫楊彪為司空、並錄尚書事。

冬十二月、太尉皇甫嵩免。光祿大夫周忠為太尉、參錄尚書事。

四年春正月甲寅朔、日有食之。

丁卯、大赦天下。

三月、袁術殺楊州刺史陳溫、據淮南。

長安宣平城門外屋自壞。

夏五月癸酉、無雲而雷。六月、扶風大風、雨雹。華山崩裂。

太尉周忠免、太僕朱俊為太尉、錄尚書事。

下邳賊闕宣自稱天子。

雨水。遣侍御史裴茂訊詔獄、原輕系。

六月辛丑、天狗西北行。

九月甲午、試儒生四十餘人、上第賜位郎中、次太子舍人、下第者罷之。

詔曰：「孔子嘆『學之不講』、不講則所識日忘。今耆儒年逾六十、去離本土、營求糧資、不得專業。結童入學、白首空歸、長委農野、永絕榮望、朕甚愍焉。其依科罷者，聽為太子舍人。」

冬十月、太學行禮、車駕幸永福城門、臨觀其儀、賜博士以下各有差。

辛丑、京師地震。有星孛於天市。

司空楊彪免、太常趙溫為司空。

公孫瓚殺大司馬劉虞。

十二月辛丑、地震。

司空趙溫免、乙巳、衛尉張喜為司空。

是歲、琅邪王容薨。

興平元年春正月辛酉、大赦天下、改元興平。甲子、帝加元服。二月壬午、追尊謚皇姊王氏為靈懷皇后、甲申、改葬於文昭陵。丁亥、帝耕於藉田。

三月、韓遂、馬騰與郭汜、樊稠戰於長平觀、遂、騰敗績、左中郎將劉範、前益州刺史種劭戰歿。

夏六月丙子，分涼州四郡為雍州。

丁丑、地震；戊寅、又震。乙巳晦、日有食之，帝避正殿、寢兵、不聽事五日。大蝗。

秋七月壬子、太尉朱俊免。戊午、太常楊彪為太尉、錄尚書事。

三輔大旱、自四月至於是月。帝避正殿請雨、遣使者洗囚徒、原輕繫。是時谷一斛五十萬、豆麥一斛二十萬、人相食啖、白骨委積。帝使侍御史侯汶出太倉米豆、為飢人作糜粥、經日而死者無降。帝疑賦卹有虛、乃親於御坐前量試作糜、乃知非實、使侍中劉艾出讓有司。於是尚書令以上皆詣省閣謝、奏收侯汶考實。詔曰：「未忍致汶于理，可杖五十。」自是之後，多得全濟。

八月、馮翊羌叛、寇屬縣、郭汜、樊稠擊破之。

九月、桑復生椹、人得以食。

司徒淳于嘉罷。

冬十月、長安市門自壞。

以衛尉趙溫為司徒、錄尚書事。

十二月、分安定、扶風為新平郡。

是歲、楊州刺史劉繇與袁術將孫策戰於曲阿、繇軍敗績、孫策遂據江東。太傅馬日磾薨於壽春。

二年春正月癸丑、大赦天下。

二月乙亥、李傕殺樊稠而與郭汜相攻。三月丙寅、李傕脅帝幸其營、焚宮室。

夏四月甲午，立貴人伏氏為皇后。

丁酉、郭汜攻李傕、矢及御前。是日、李傕移帝幸北塢。

大旱。

五月壬午、李傕李自為大司馬。六月庚午、張濟自陝來和傕、汜。

秋七月甲子、車駕東歸。郭汜自為車騎將軍，楊定為後將軍，楊奉為興義將軍、董承為安集將軍、並侍送乘輿。張濟為票騎將軍、還屯陝。八月甲辰，幸新豐。冬十月戊戌、郭汜使其將伍習夜燒所幸學舍、逼脅乘輿。楊定、

楊奉與郭汜戰、破之。壬寅、幸華陰、露次道南。是夜、有赤氣貫紫宮。張濟復反、與李傕、郭汜合。十一月庚午、李傕、郭汜等追乘輿、戰於東澗、王師敗績，殺光祿勳鄧泉、衛尉士孫瑞、廷尉宣播、大長秋苗祀、步兵校尉魏桀、侍中朱展、射聲校尉沮俊。壬申、幸曹陽、露次田中。楊奉、董承引白波帥胡才、李樂、韓暹及匈奴左賢王去卑、率師奉迎，與李傕等戰、破之。

十二月庚辰、車駕乃進。李傕等複來追戰、王師大敗、殺掠宮人、少府田芬、大司農張義等皆戰歿。進幸陝、夜度河。乙亥，幸安邑。

是歲、袁紹遣將麴義與公孫瓚戰於鮑丘、瓚軍大敗。

建安元年春正月癸酉，郊祀上帝於安邑，大赦天下，改元建安。

二月、韓暹攻衛將軍董承。

夏六月乙未，幸聞喜。秋七月甲子、車駕至洛陽、幸故中常侍趙忠宅。丁丑、郊祀上帝、大赦天下。己卯、謁太廟。八月辛丑、幸南宮楊安殿。

癸卯、安國將軍張楊為大司馬、韓暹為將軍，楊奉為車騎將軍。

是時、宮室燒盡、百官披荊棘、依牆壁閒。州郡各擁強兵、而委輸不至，群僚飢乏、尚書郎以下自出採稆，或飢死牆壁閒，或為兵士所殺。

辛亥、鎮東將軍曹操自領司隸校尉。錄尚書事。曹操殺侍中臺崇、尚書馮碩等。封衛將軍董承為輔國將軍伏完等十三人為列侯、贈沮俊為弘農太守。

庚申、遷都許。己巳、幸曹操營。

九月、太尉楊彪、司空張喜罷。冬十一月丙戌、曹操自為司空、行車騎將軍事、百官總己以聽。

二年春、袁術自稱天子。三月，袁紹自為大將軍。

夏五月、蝗。秋九月、漢水溢。

是歲饑、江淮間民相食。袁術殺陳王寵。孫策遣使奉貢。

三年夏四月、遣謁者裴茂率中郎將段煨討李傕、夷三族。

呂布叛。

冬十一月、盜殺大司馬張楊。

十二月癸酉、曹操擊呂佈於徐州、斬之。

四年春三月、袁紹攻公孫瓚於易京、獲之。

衛將軍董承為車騎將軍。

夏六月、袁術死。

是歲，初置尚書左右僕射。武陵女子死十四日復活。

五年春正月、車騎將軍董承、偏將軍王服、越騎校尉种輯受密詔誅曹操、事泄。壬午、曹操殺董承等、夷三族。

秋七月、立皇子馮為南陽王。壬午、南陽王馮薨。

九月庚午朔、日有食之。詔三公舉至孝二人、九卿、校尉、郡國守、相各一人。皆上封事，靡有所諱。

曹操與袁紹戰於官度、紹敗走。

冬十月辛亥、有星孛於大樑。

東海王祗薨。

是歲、孫策死、弟權襲其餘業。

六年春二月丁卯朔，日有食之。

七年夏五月庚戌、袁紹薨。

千寘國獻馴象。

是歲，越嶲男子化為女子。

八年冬十月己巳、公卿初迎冬於北郊、總章始復務八佾舞。

初置司直官、督中都官。

九年秋八月戊寅、曹操大破袁尚、平冀州、自領冀州牧。

冬十月、有星孛於東井。

十二月、賜三公已下金、帛、各有差。自是三年一賜、以為常制。

十年春正月、曹操破袁譚於青州、斬之。

夏四月、墨山賊張燕率眾降。

秋九月，賜百官尤貧者金、帛，各有差。

十一年春正月，有星孛於北斗。

三月、曹操破高幹於并州、獲之。

秋七月、武威太守張猛殺雍州刺史邯鄲商。

是歲、立故琅邪王容子熙為琅邪王。齊、北海、阜陵、下邳、常山、甘陵、濟（陰）〔北〕、平原八國皆除。

十二年秋八月、曹操大破烏桓於柳城、斬其蹋頓。

冬十月辛卯、有星孛於鶉尾。

乙巳、黃巾賊殺濟南王贇。

十一月、遼東太守公孫康殺袁尚、袁熙。

十三年春正月、司徒趙溫免。

夏六月、罷三公官、置丞相、御史大夫。癸巳、曹操自為丞相。

秋七月、曹操南征劉表。

八月丁未、光祿勳郗慮為御史大夫。

壬子、曹操殺太中大夫孔融、夷其族。

是月、劉表卒、少子琮立、琮以荊州降操。

冬十月癸未朔、日有食之。

曹操以舟師伐孫權、權將周瑜敗之於烏林、赤壁。

十四年冬十月、荊州地震。

十五年春二月乙巳朔、日有食之。

十六年秋九月庚戌、曹操與韓遂、馬超戰於渭南、遂等大敗、關西平。

是歲、趙王赦薨。

十七年夏五月癸未、誅衛尉馬騰、夷三族。

六月庚寅晦、日有食之。

秋七月、洧水、潁水溢。螟。

八月、馬超破涼州、殺刺史韋康。

九月庚戌、立皇子熙為濟陰王、懿為山陽王、邈為濟北王、敦為東海王。

冬十二月、星孛於五諸侯。

十八年春正月庚寅、復《禹貢》九州。

夏五月丙申、曹操自立為魏公、加九錫。

大雨水。

徙趙王珪為博陵王。

是歲、歲星、鎮星、熒惑俱入太微。彭城王和薨。

十九年夏四月、旱。五月、雨水。

劉備破劉璋、據益州。

冬十月、曹操遣將夏侯淵討宋建千枆罕、獲之。

十一月丁卯、曹操殺皇后伏氏、滅其族及二皇子。

二十年春正月甲子、立貴人曹氏為皇后。賜天下男子爵、人一級、孝悌、力田二級。賜諸王侯公卿以下谷、各有差。

秋七月、曹操破漢中、張魯降。

二十一年夏四月甲午、曹操自進號魏王。

五月己亥朔、日有食之。

秋七月、匈奴南單于來朝。

是歲、曹操殺琅邪王熙、國除。

二十二年夏六月、丞相軍師華歆為御史大夫。

冬、有星孛於東北。

是歲大疫。

二十三年春正月甲子、少府耿紀、丞相司直韋晃起兵誅曹操、不克、夷三族。

三月、有星孛於東方。

二十四年春二月壬子晦、日有食之。

夏五月、劉備取漢中。

秋七月庚子、劉備自稱漢中王。

八月、漢水溢。

冬十一月，孫權取荊州。

　二十五年春正月庚子，魏王曹操薨。子丕襲位。
　二月丁未朔，日有食之。
　三月，改元延康。
　冬十月乙卯、皇帝遜位、魏王丕稱天子。奉帝為山陽公、邑一萬戶、位在諸侯王上、奏事不稱臣、受詔不拜、以天子車服郊祀天地、宗廟、祖、臘皆如漢制、都山陽之濁鹿城。四皇子封王者，皆降為列侯。
　明年、劉備稱帝於蜀、孫權亦自王於吳、於是天下遂三分矣。
　魏青龍二年三月庚寅、山陽公薨。自遜位至薨、十有四年、年五十四、謚孝獻皇帝。八月壬申，以漢天子禮儀葬於禪陵、置園邑令丞。
　太子早卒、孫康立五十一年、晉太康六年薨。子瑾立四年、太康十年薨。子秋立二十年、永嘉中為胡賊所殺、國除。
　論曰：傳稱鼎之為器、雖小而重，故神之所寶，不可奪移。至令負而趨者、此亦窮運之歸乎！天厭漢德久矣，山陽其何誅焉！
　贊曰：獻生不辰，身播國屯。終我四百、永作虞賓。

　後漢書・卷九 考献帝記第九に記載されている出来事からは末漢の様子が解ります。阿知主を知るには日本に来た高官を調べます。末漢の時代では劉ですから、劉の話です。劉が日本に来たら名前を変えますと阿知主に変えた該当者は直ぐに解ります。
　大藏氏為日本平安朝時期的貴族，漢獻帝玄孫劉阿知(阿知使主)於289年率子劉都賀、舅父趙輿德集族人劉國鼎、劉濤子、劉鶴明、劉信子等男女共兩千餘人東渡。時值應神天皇在位，任命他擔任朝臣，賜號為「東漢使主」，定居於大和國高市郡檜前村，即今日奈良縣檜前村，當地與岡山縣倉敷市現都建有「阿知宮」以紀念劉阿知。
　日本にきた年度は289年と記しています。応仁天皇の系図は270～310年ですが、違いがあっても年代は有っていますが日本に来た年代は220年です。他にも大日本史卷之一百七 列傳第三十四阿に知使主は記

されています。

阿知使主，漢靈帝之曾孫也。及漢禪魏，因神牛教，出往帶方，得保帶瑞，其像類宮城，乃建國邑，保其民庶。後告父兄曰：「吾聞東國有聖主，盍往歸焉。若久居於此，則恐取覆滅。」率子都加使主，女弟迁興德，及七姓十七縣人口，歸化。實應神帝二十年也。詔賜高市郡檜前村而居焉。奏曰：「帶方男女皆有才藝。近者寓百濟、高麗之間，心懷猶豫，未知去就。請垂天恩，遣使召之。」帝敕使八腹氏召之，以為公民。諸國漢氏，其後也。三十七年，奉詔與都加往吳求縫工。先至高麗，請鄉導。高麗王使久禮波、久禮志二人導之抵吳，得兄媛、弟媛、吳織、穴織四女王。四十一年，歸到筑紫。胸形大神欲得之，阿知留兄媛而去。到攝津武庫，會帝崩，因獻三女於仁德帝。履中帝之為皇太子也，住吉仲皇子反，阿知與平群木菟告變，扶皇太子上馬而走。皇太子即位，舉為藏官，而賜食地。

　阿知主が渡来した人数が2000です。卑弥呼が1000、徐福一行が3000人です。渡来した人数の規模が大きいこと、6人乗り舟の渡来は無いでしょう。

　後漢書では袁譚は青州で殺されていますが、三国志では渤海湾に向かう途中の南皮で譚が斬られ妻子刺殺に為っています。妻子は無事日本に来ています。妻は文瓶（俾弥呼）で子は素盞鳴・袁買です、私の考えは、譚は父袁基が宮殿で董卓に襲われ殺された時に同じくして宮殿で殺されたと思います。宮殿だけでなく地域一帯を制圧し門も全て封鎖しているはず。おめおめ董卓が袁基一家を逃がすはずが有りません。三国志では南皮で殺され後漢書では青州で殺される。話がまったく違っています。

　袁将が袁譚を青州に刺史として送り出しますが、劉備が兵を連れ青州に訪れ一月も逗留しています。袁譚と劉備は何の繋がりも有りませんが俾弥呼と劉備は中山人です。幼く何も出来ない刺史の俾弥呼に防御や見舞いとして訪ねたのなら頷けます。倭に渡来した俾弥呼はやはり袁紹の敵を気にかけて男装しています。風土記に神宮皇后は男の衣装を着てい

ると載っていますし、古い絵にも鎧を着た姿が描かれています。神宮皇后もこの姿かもしれませんが仲哀天皇の御子を懐妊して身重の体にも拘らず鎧い姿？　三韓征伐や勇ましい話が溢れていますが、母親の俾弥呼が全て後ろに立って行動をしています。三韓征伐では曹操からの頂き物を隠した島からそれを運び軍資金として軍勢を整え播磨の国で大和軍を迎え撃つ、この様な行動が13か15歳の息長帯姫（神宮皇后）に出来るはずは有りません。その前は皇位継承の成務天皇と仲哀天皇の豪族を巻きこんだ争い等、それらを潜り抜けてきた倭王（大和）俾弥呼の力量に感嘆します。

第十章

出雲国の合神社参佰玖拾玖社

　杵築神社の話を詳しく知りたくて8年前に奈良の三宅を訪ねました。集落の家の玄関には水鉢に植えられたあさざが黄色い花をつけていたので初夏だっと思います。観光客をもてなす優しい、心遣いに心も和みました。三宅には屛風杵築神社があって祭神は須佐男命で出雲大社（杵築大社）系の神社です。"拝殿に、奉納されている「おかげ踊り」をする絵馬は、民俗学的資料として貴重であり、県の有形民俗文化財の指定を受けている。"とありますが江戸期に書かれているアイヌ民族の絵の中に同じ構図の絵が有ります。但馬杵築神社は磯城郡三宅町但馬に在りますが磯城は俾弥呼（姫）が住まいとした居城です。記紀には爰女人有日神華磯媛と載っています。他に七夕の発祥の地と言われています。伴堂杵築神社は三宅町伴堂にあって屛風杵築神社と同じです。他に磯城郡の矢部に杵都岐神社が有りますが、読みは同じで都の文字をあてがっているのは何故でしょう？　祭神は主祭神で素盞鳴命（すさのおのみこと）、大名持命（おおなもちのみこと）の末社祭神と説明されていますが8年目で気がつきました。それは末社が素盞鳴命を祭神とするなら本社の出雲の杵築神社の主祭神は素盞鳴命であります。出雲から三宅迄の途中に亀岡杵築神社は現代に於いて出雲大社として鎮座しています。

　出雲の神社の参佰玖拾玖社と切りの悪い数は杵築神社が天照大神と須佐能袁の弐柱の神を祀っているから四百と切りが良くなっています。何故四百ですか？　全ての神は八百で八百万の神とか八幡神（Bāfān shén・はちまんの神）と言って凡そ半分は出雲の神だと伝えています。望覧四方

八方と云いますから四ですが、八雲立つ出雲の国は、で八を使う八は全てです。輝かしいという表現にも使います。その八の上は九（玖）ですが九州は九州全土と云う意味です（何れも発音は日本語ですが意味は古代中国語です）を表しています。参佰玖拾玖の玖は三国志でも後漢書でもこの文字の数字は使われていません。これは周の時代の文字で紀元前 200 年に秦に敗れた燕王喜が島根に来ていますから、周と燕は同盟国で周の文字を使っても不思議ではありません。漢字の国、中国でも出雲国風土記は読まれていますが、文章中には漢字で無い漢字を欠文字にしており、良く知られている文字でも漢字でない漢字で驚きます。出雲と言えば神無月の話ですが、出雲では 11 月は神有月で、古代出雲国は冬至から 1 年が始まるとすればば冬至の日は決まっていませんから月にした？ 24 節季の始めとしたら 11 月は旧暦では 10 月です。年の終わりに神様が集いました。古代出雲神社の Model に階段を附けていますが気になって調べてみましたら江戸期に造られた社を参考にしています、出雲国にあれだけの真っ直ぐな太い杉材が有ったのでしょうか？　江戸期の話でも古代建立から 1000 年以上は経ています。杉材は昭和時代まで雑木に火を点ける為に杉材を小割にし焚着けを作って利用します。近年まで杉材を家屋の内装材とし廊下、建具に使った角材の残りが材料です。階段に使っているより大きな真っ直ぐな杉材は出雲では出来ません。理由は積雪です。

　神様が地上に降りられる降臨の降は、神様が梯子を使って降りられる姿です。

　1〜3：商　4〜6：西周　8：秦　9〜13：漢の時代に使われました。

　新しい建物を造る始めに地鎮祭を行います。式の前に神様をお迎えす

る、それが降臨で式が始まり式は終われば昇神です。冬至の式典時に竹
製の梯子を使うという考え方は如何でしょうか？　なにぶん古い話で
す。黄泉の国にでも行かなければ正しい答えは出ないでしょう。一番難
しいのは参佰玖拾玖社にお祀りされている方々は何方でしょうか？　奈
良三宅の杵築神社は須佐能袁です。その地に関係が有るからお祀りされ
ています。須佐能袁の字が違っても素戔鳴です。同じ人ですから多くの
出雲の人が来たと考えましたが繋がりが解りません。播磨の国も来た形
跡が有ります。摂津の国にも来た形跡が有ります。唯、解っているのは
素戔鳴がこの国で亡くなり気性は激しいが大衆には尊まれた人だという
こと。その人柄が忍ばれます。未だ解らないのは所造天下大神大穴持命
（野見宿禰）を倒した後にこの国を治めたのは素盞鳴命か月読命か解りま
せん、社を主とすれば素盞鳴命ですが、二十四節季の話をすれば月読命
です、月読命は素盞鳴命と別れ出羽に向かうと考えるのは行きすぎで
しょうか？

合神社　参佰玖拾玖所。
壱佰捌拾肆所、　在神祇官。
弐佰壱拾伍所、　不在神祇官。
意宇郡、宍道郷。
熊野大社　夜麻佐社　売豆貴社　賀豆比乃社　由貴社　加豆比乃高守
社　都俾志呂社　玉作湯社　野城社　伊布夜社　支麻知社　夜麻佐社
野城社　久多美社　佐久多社　多乃毛社　須多社　真名井社　布弁社
斯保彌社　意陀支社　市原社　久米社　布吾彌社　宍道社　売布社　狭
井社　狭井高守社　宇流布社　伊布夜社　布自奈社　同布自奈社　由宇
社　野代社　野城社　佐久多社　意陀支社　前社　田中社　詔門社　楯
井社　速玉社　石坂社　佐久佐社多加比社　山代社調屋社　同社
以上四十八所並在神祇官

宇由比社　支布佐社　毛社乃社　那富乃夜社　支布佐社　国原社　田

129

村社　市穂社　同市穂社　伊布夜社　阿太加夜社　須多下社　河原社
布宇社　末那為社　加和羅社　笠柄社　志多備社　食師社
　以上一十九所並不在神祇官

　島根郡、法吉郷、千酌号郷。
　布■伎弥社　多気社　久良弥社　同波夜都武志社　川上社　長見社
門江社　横田社　加賀社　爾佐社　爾佐加志能為社　法吉社　生馬社
美保社
　以上一十四所並在神祇官

　大井社　阿羅波比社　三保社　多久社　■■社　同■■社　質留比社
方結社　玉結社　川原社　虫野社　持田社　加佐奈子社　比加夜社
　須義社　伊奈頭美社　伊奈阿気社　御津社　比津社　玖夜社　同玖夜
社　田原社　生馬社　布奈保社　加茂志社　一夜社　小井社　加都麻社
須衛都久社　大椅社大椅川辺社　朝酌社　朝酌下社　努那弥社　椋見社
　以上四十五所　並不在神祇官

　秋鹿郡、伊農郷。故云伊努神亀三年改字伊農神戸里出雲也　説名如意
宇郡　佐太御子社　比多社　御井社　垂水社　恵杼毛社　許曽志社　大
野津社　宇多貴社　大井社　宇智社
　以上一十所並在神祇官

　恵曇海辺社　同海辺社　怒多之社　那牟社　多太社　同多太社　出島
社　阿之牟社　田仲社　彌多仁社　細見社　同下社　伊努社　毛之社
草野社　秋鹿社
　以上一十六所並不在神祇官

　楯縫部、沼田郷
　久多美社　多久社　佐加社　乃利斯社　御津社　水社　宇美社　許豆

社

　同社以上九所　並在神祇官

　許豆乃社　又許豆乃社　又許豆社　久多美社　同久多美社　高守社
又高守社　紫菜島社　鞆前社　宿努社　崎田社　山口社　葦原社　又葦
原社　又葦原社　■之社　阿計知社　葦原社　田田社

　以上一十九所　並不在神祇官

　出雲郡、伊努郷。

　杵築大社　御魂社　御向社　出雲社　御魂社　伊努社　意保美社　曽
伎乃夜社　久牟社　曽伎乃夜社　阿受伎社　美佐伎社　伊奈佐乃社　弥
太弥社　阿我多社　伊波社　阿具社　都牟自社　久佐加社　弥努婆社
阿受枳社　宇加社　布世社　同阿受枳社　神代社　加毛利社　来坂社
伊農社　同社

　同社　鳥屋社　御井社　企豆伎社　同社　同社　同社　同社　同社
阿受枳社　同社　同社　同社　同社　同社　同社　同社　来坂社　伊努
社　同社　同社　弥陀弥社　県社　斐提社　韓■社　加佐加社　伊自美
社　波祢社　立蟲社

　以上五十八所並在神祇官

　御前社　同御埼社　支豆支社　阿受枳社　同阿受枳社　同社　同阿受
枳社　同阿受支社　同社　同社　同社　同社　同社　同社　同社　同社
同社　同社　同社　同社　同社　同社　同社　同社　同社　同社　同社
同社　同社　同社　同社　伊努社　同伊努社　同社　県社　弥陀弥社
同弥陀弥社　同社　同社　同社　同社　同社　同社　同社　同社　同社
伊爾波社　都牟自社　同社　弥努波社　山辺社　同社　同社　間野社
布西社　波如社　佐支多社　支比佐社　神代社　同社　百枝槐社

　以上六十四所並不在神祇官

　神門郡、多伎郷。

美久我社　阿須理社　比布知社　又比布知社　多吉社　夜牟夜社　矢
野社　波加佐社　奈売佐社　知乃社　浅山社　久奈為社　佐志牟社　多
支枳社　阿利社　阿如社　国村社　那売佐社　阿利社　大山社　保乃加
社　多吉社　夜牟夜社　同夜牟夜社　比奈社

　以上二十五所並在神祇官

塩夜社　火守社　同塩夜社　久奈子社　同久奈子社　加夜社　小田社
波加佐社　同波加佐社　多支社　多支支社　波須波社

　以上一十二所　並不在神祇官

飯石郡、来島郷。

須佐社　河辺社　御門屋社　多倍社　飯石社以上五所　並在神祇官
狭長社　飯石社　田中社　多加社　毛利社　兎比社　日倉社　井草社
深野社　託和社　上社　葦鹿社　粟谷社　穴見社　神代社　志志乃村社

　以上一十六所並不在神祇官

仁多郡、斐伊郷。

矢口社　宇乃遅社　支須支社　布須社　御代社　宇乃遅社　神原社
樋社　樋社　佐世社　世裡陀社　得塩社　加多社

　以上一十三所並在神祇官

赤秦社　等等呂吉社　矢代社　比和社　日原社　幡屋社　春殖社　船
林社　宮津日社　阿用社　置谷社　伊佐山社　須我社　川原社　除川社
屋代社

　以上一十六所並不在神祇官

　風土記の時代と本文の内容を検証している年代が400年〜500年の
ずれがあります。この社の年代は何時頃でしょうか？　社名が詳しすぎ
るのでは？

草木や禽獣は生物ですから6～7世紀だと分かります。杵築神社の祭神は大国主の命です。大国主は須佐能袁で天照大神もお祀りして二大神ですが、後の神社は記載している目的が解りません、古ければ祭神が解らぬはずです。近年とすれば何のためにこれだけ詳しく書かれているのでしょうか？

　風土記と古事記・日本書記の違いは記紀では解らないことが多くあっても出来るだけ正しい答えを表現する為に御苦労をされています。理由を言えば言葉と文字が地域によって異なるので物理的に無理な事です。風土記もその地域の言葉と文字で伝える事に努力しています。故意に間違った文章は有りません。風土記でも文章の構成、文字の使い方、漢字で無い漢字と多種多様です。日本語で読んでも意味は中国語と同じですが記紀は進んでいて日本語化していますから難解な箇所が有りました。むしろ風土記の2世紀の話の内容は中国語と思って下さい。

第十一章

俾弥呼の朝貢

三国志巻四　魏書四　三少帝紀第四から

四年春正月、帝加元服、賜群臣各有差。夏四月乙卯、立皇后甄氏、大赦。五月朔、日有食之、既。秋七月、詔祀故大司馬曹真、曹休、征南大將軍夏侯尚、太常桓階、司空陳群、太傅鍾繇、車騎將軍張郃、左將軍徐晃、前將軍張遼、右將軍樂進、太尉華歆、司徒王朗、驃騎將軍曹洪、征西將軍夏侯淵、後將軍朱靈、文聘、執金吾臧霸、破虜將軍李典、立義將軍龐德、武猛校尉典韋於太祖廟庭。冬十二月、倭國女王俾彌呼遣使奉獻。

政始（240年〜249年四月）四年（243年）春正月に帝（曹叡（204年〜239年1月22日））は元服（15歳）した、賜る大臣の位に差が有る。夏四月（中国の伝統的な太陰暦の干支の52年目は、「乙卯年」と呼ばれます）、皇后甄氏が立ち、恩赦。五月翔（太陰暦の各月の最初の日は「翔」と呼ぶ）、日食があった、尽きる。秋七月、……太祖は朝堂。倭國女王俾彌呼遣使奉獻（倭女王俾彌呼は政始四年に献身の使いを遣わす）。

三国志巻三十　魏書三十　烏丸鮮卑東夷傳第三十

景初二年六月，倭女王遣大夫難升米等詣郡，求詣天子朝獻，太守劉夏遣吏將送詣京都。其年十二月，詔書報倭女王曰：「制詔親魏倭王卑彌呼：帶方太守劉夏遣使送汝大夫難升米、次使都市牛利奉汝所獻男生口四人，女生口六人、班布二匹二丈，以到。汝所在逾遠，乃遣使貢獻，是汝之忠孝，我甚哀汝。今以汝為親魏倭王，假金印紫綬，裝封付帶方太守假授汝。

其綏撫種人，勉為孝順。汝來使難升米、牛利涉遠，道路勤勞，今以難升米為率善中郎將，牛利為率善校尉，假銀印青綬，引見勞賜遣還。今以絳地交龍錦五匹（一）絳地縐粟罽十張，蒨絳五十匹、紺青五十匹，答汝所獻貢直。又特賜汝紺地句文錦三匹、細班華罽五張、白絹五十匹、金八兩、五尺刀二口、銅鏡百枚、真珠、鉛丹各五十斤，皆裝封付難升米、牛利還到錄受。悉可以示汝國中人，使知國家哀汝，故鄭重賜汝好物也。」

（一）臣松之以為地應為糸弟，漢文帝著皂衣謂之弋綈弟是也。此字不體，非魏朝之失、則傳寫者誤也。

正始元年、太守弓遵遣建忠校尉梯俊等奉詔書印綬詣倭國、拜假倭王、並齎詔賜金、帛、錦罽、刀、鏡、採物，倭王因使上表答謝恩詔。其四年，倭王復遣使大夫伊聲耆、掖邪狗等八人，上獻生口、倭錦、絳青縑、綿衣、帛布、丹木、（犭付犾）、短弓矢。掖邪狗等壹拜率善中郎將印綬。其六年，詔賜倭難升米黃幢，付郡假授。其八年，太守王頎到官。倭女王卑彌呼與狗奴國男王卑彌弓呼素不和，遣倭載斯、烏越等詣郡說相攻擊狀。遣塞曹掾史張政等因齎詔書、黃幢，拜假難升米為檄告喻之。卑彌呼以死，大作塚，徑百餘步，徇葬者奴婢百餘人。更立男王，國中不服，更相誅殺，當時殺千餘人。復立卑彌呼宗女壹與，年十三為王，國中遂定。政等以檄告喻壹與，壹與遣倭大夫率善中郎將掖邪狗等二十人送政等還，因詣台，獻上男女生口三十人，貢白珠五千，孔青大句珠二枚，異文雜錦二十匹。

評曰：史、漢著朝鮮、兩越，東京撰錄西羌。魏世匈奴遂衰，更有烏丸、鮮卑，爰及東夷，使譯時通，記述隨事，豈常也哉！

先に朝貢の年度と朝貢の品を整理します。

景初（237年3月〜239年）三国時代の魏明帝曹叡の第三代の年号

1、景初二年（238年）六月，倭女王遣大夫難升米等詣郡，求詣天子朝獻，

2、其年十二月，詔書報倭女王曰：制詔親魏倭王卑彌呼：帶方太守劉夏遣使送汝大夫難升米、次使都市牛利奉汝所獻男生口四人，

女生口六人、班布二匹二丈，以到。・・・金印紫綬，裝封付帯方太守假
授汝。・・・絳地交龍錦五匹。・・・銀印青綬・・絳地縐粟罽十張、蒨絳
五十匹、紺青五十匹，答汝所獻貢直。又特賜汝紺地句文錦三匹、細班華
罽五張、白絹五十匹、金八兩、五尺刀二口、銅鏡百枚、真珠、鉛丹各
五十斤，

3、正始元年（正始（240 年〜 249 年四月）三国時代の曹魏的の君主魏齊王曹
芳が君臨した時代の年号）弓遵（正始元年［240 年］）前任の劉夏の後に魏国
の帯方郡太守になる。同じ年に奉詔派の建忠校尉梯儁（弓遵）等人を遣
わす、帯著魏帝（當年處於曹叡和曹芳交替的一年，下詔的魏帝具體是曹叡還是
曹芳不明）的詔書和"親魏倭王"金印紫綬部を持って倭国に使いを出す、
並びに倭國女王卑彌呼の授予を許可する。拜假倭王、並齎詔賜金、帛、
錦罽、刀、鏡、採物、倭王因使上表答謝恩詔。齎詔は布告・錦罽は絹と
羊毛の布地、後漢書では模様のある Felt carpet。

4、其六年（245 年），詔賜倭難升米黃幢，付郡假授。

5、其八年（265 年）太守王頎到官。倭女王卑彌呼與狗奴國男王卑彌
弓呼（斉王・曹芳）素不和，遣倭載斯（大分県佐伯）、烏越（烏烏・閩越）
等詣郡說相攻擊狀

6、卑彌呼（袁紹の后劉氏）以死、大作塚（大きな墓標を造る）、徑百餘步、
徇葬者奴婢百餘人（奴卑百餘人で葬儀をした、徇葬者の数が少ないのは災害で多
数の死者が出て俾弥呼はこの地を離れる）。更立男王（成務天皇）、國中不服（仲
哀天皇派と成務天皇派の争い），更相誅殺、當時殺千餘人。

7、復立卑彌呼（俾弥呼。倭姫）の御子（景行天皇との御子）宗女（魏一
族）壹與（壹は邪馬壹国、を発展させる、年十三（男子十五、女子十三で結婚す
る）で王となり（俾弥呼が院政を布く、応仁天皇［壹與と仲哀天皇の御子］が元
服十五まで）、國中遂定。政等以檄告喩壹與、壹與遣倭大夫率善中郎將掖
邪狗等二十人送政等還、因詣台、獻上男女生口三十人、貢白珠五千、孔
青大句珠二枚、異文雜錦二十匹。

袁紹の后の劉夫人が三十才前後、男装の文夫人が二十才までで倭に
205 〜 206 年に渡来します。

俾弥呼 16 才……205 年渡来　　　卑弥弓呼と渡来差 15 年

　卑弥弓呼（劉封）？才……220 年渡来　　倭に月読命で 13 年

　曹魏に還り曹芳（劉封）232 年……274 年　その後途中から山陽侯

　曹芳の寿命 42 才？　は？で 42 ＋ 14 才まで＝ 56 才以下（何れも参考

年代）

　劉備の御子で独身の劉封、俾弥呼より若い 15 才下？　袁紹、曹操、劉備、孫権の次の世代の話になります。

　この俾弥呼の朝貢は一国の王の規模の朝貢です。既に巻向の磯城で俾弥呼が王権を握っている事を証明しています。俾弥呼の倭王の倭は三国志では大和地域も含み意外と勢力範囲は広いでしょう。此処から推測の話です、磯城に移ったのは俾弥呼の朝貢は鳥羽から出航しています。巻向よりは地理的に鳥羽に少しでも交通の利便を考えています。それから奈良より離れて玉城に移ります、その玉城で魏からの使者を迎えます。

　正治元年，太守弓遵遣建中校尉梯儁等奉詔書印綬詣倭國，拜假倭王この時点で俾弥呼は天皇でない倭王です。崇拝する倭王に勅令を授ける為に魏の使者が倭国に詣です。依り鳥羽に近い玉城に迎え又来客をもてなす居城の役目もします。「假」はいつわりである、にせである、仮、休み、書き言葉で借りる、の意味です、古代語では“本当で無い”の意味です。

　仲哀天皇行幸の後、応仁天皇が十五才の元服まで待てば 15 年の天皇在位の空白が幼小でも空白が出来ます。これを避け皇位は天皇不在でも継続していると伝える為に伊勢に皇大神をお祀りする宮を俾弥呼（卑弥呼）が造営します。

　神武天皇が日本国の建国を為し、俾弥呼は 2 世紀の中興の祖になります。

　2000 年過ぎても語り継がれています。何故、俾弥呼は日本の中興の祖かと云うと、俾弥呼の行った国を治めたことは、魏に度々朝貢をして魏と連絡を取り国の運営をしています。これは既に大和の王としての行動です。

これだけの掛る費用を俾弥呼が出来たのは其れだけ多くの国を統治していることを証明しています。朝貢参加者に稲の栽培に関して、牛の取り扱いについて飼育、作業、繁殖を習う人、まだ名前だけでなにを習うのか解らない人も同行させています。これだけでも大がかりな話です。俾弥呼は播磨の国から巻向の磯城に滞在していますが、景行天皇が居られた時代かわかりませんが次の磯城は俾弥呼が権勢を奮った居城と思うのは、記紀には爰女人有日神華磯媛とこの中に磯の媛と言っています、500年前の出来事を記しています。200年の出来事を書いていますが俾弥呼が其の後に大和に移動しても500年経った話に説明されても間違っていません。

第十二章

後漢書・卷八十五
東夷列傳第七十五

　　王制雲：「東方曰夷。」夷者，柢也，言仁而好生，萬物柢地而出。故天性柔順，易以道禦，至有君子、不死之國焉。夷有九種，曰畎夷、於夷、方夷、黃夷、白夷、赤夷、玄夷、風夷、陽夷。故孔子欲居九夷也。

　　昔堯命羲仲宅嵎夷，曰暘谷，蓋日之所出也。夏后氏太康失德，夷人始畔。自少康已後，世服王化，遂賓於王門，獻其樂舞。桀為暴虐，諸夷內侵，殷湯革命，伐而定之。至於仲丁，藍夷作寇。自是或服或畔，三百餘年。武乙衰敝，東夷浸盛，遂分遷淮、岱，漸居中土。

　　及武王滅紂，肅慎來獻石砮、楛矢。管、蔡畔週，乃招誘夷狄，周公徵之，遂定東夷。康王之時，肅慎復至。後徐夷僭號，乃率九夷以伐宗周，西至河上。穆王畏其方熾，乃分東方諸侯，命徐偃王主之。偃王處潢池東，地方五百里，行仁義，陸地而朝者三十有六國。穆王后得驥騄之乘，乃使造父禦以告楚，令伐徐，一日而至。於是楚文王大舉兵而滅之。偃王仁而無權，不忍鬥其人，故致於敗。乃北走彭城武原縣東山下，百姓隨之者以萬數，因名其山為徐山。厲王無道，淮夷入寇，王命虢仲徵之，不克，宣王復命召分伐而平之。及幽王淫亂，四夷交侵，至齊桓修霸，攘而卻焉。及楚靈會申，亦來豫盟。後越遷琅邪，與共征戰，遂陵暴諸夏，侵滅小邦。

　　秦並六國，其淮、泗夷皆散為民戶。陳涉起兵，天下崩潰，燕人衛滿避地朝鮮，因王其國。百有餘歲，武帝滅之，於是東夷始通上京。王莽篡位，貊人寇邊。建武之初，復來朝貢。時遼東太守祭肜威讋北方，聲行海表，於是濊、貊、倭、韓，萬里朝獻，故章、和已後，使聘流通。逮永初多難，

始入寇鈔；桓、靈失政，漸滋曼焉。

　　自中興之後，四夷來賓，雖時有乖畔，而使驛不絕，故國俗風土，可得略記。東夷率皆土著，憙飲酒歌舞，或冠弁衣錦，器用俎豆。所謂中國失禮，求之四夷者也。幾蠻、夷、戎、狄總名四夷者，猶公、侯、伯、子、男皆號諸侯雲。

　　夫餘國，在玄菟北千里。南與高句驪，東與挹婁，西與鮮卑接，北有弱水。地方二千里，本濊地也。初，北夷索離國王出行，其待兒於後｛任女｝身，王還，欲殺之。侍兒曰：「前見天上有氣，大如雞子，來降我，因以有身。」王囚之，後遂生男。王令置於豕牢，豕以口氣噓之，不死。复徒於馬蘭，馬亦如之。王以為神，乃聽母收養，名曰東明。東明長而善射，王忌其猛，复欲殺之。東明奔走，南至掩氵虒水，以弓擊水，魚鱉皆聚浮水上，東明乘之得度，因至夫餘而王之焉。於東夷之域，最為平敞，土宜五穀。出名馬、赤玉、貂豽，大珠如酸棗。以員柵為城，有宮室、倉庫、牢獄。其人粗大強勇而謹厚，不為寇鈔。以弓矢刀矛為兵。以六畜名官，有馬加、牛加、狗加，其邑落皆主屬諸加，食飲用俎豆，會同拜爵洗爵，揖讓升降。以臘月祭天，大會連日，飲食歌舞，名曰「迎鼓」。是時斷刑獄，解囚徒。有軍事亦祭天，殺牛，以蹄佔其吉凶。行人無晝夜，好歌吟，音聲不絕。其俗用刑嚴急，被誅者皆沒其家人為奴婢。盜一責十二。男女淫，皆殺之，尤治惡妒婦，既殺，复屍於山上。兄死妻嫂。死則有槨無棺。殺人殉葬，多者以百數。其王葬用玉匣，漢朝常豫以玉匣付玄菟郡，王死則迎取以葬焉。

　　建武中，東夷諸國皆來獻見。二十五年，夫餘王遣使奉貢，光武厚答報之，於是使命歲通。至安帝永初五年，夫餘王始將步騎七八千人寇抄樂浪，殺傷吏民，後复歸附。永寧元年，乃遣嗣子尉仇台詣闕貢獻，天子賜尉仇台印綬金彩。順帝永和元年，其王來朝京師，帝作黃門鼓吹、角抵戲以遣之。桓帝延熹四年，遣使朝賀貢獻。永康元年，王夫台將二萬餘人寇玄菟，玄菟太守公孫域擊破之，斬首千餘級。至靈帝熹平三年，复奉章貢獻。夫餘本屬玄菟，獻帝時，其王求屬遼東雲。

　　挹婁，古肅慎之國也。在夫餘東北千餘里，東濱大海，南與北沃沮接，

不知其北所極。土地多山險。人形似夫餘，而言語各異。有五穀、麻布，出赤玉、好貂。無君長，其邑落各有大人。處於山林之間，土氣極寒，常為穴居，以深為貴，大家至接九梯。好養豕，食其肉，衣其皮。冬以豕膏塗身，厚數分，以御風寒。夏則裸袒，以尺布蔽其前後。其人臭穢不潔，作廁於中，圜之而居。自漢興以後，臣屬夫餘。種衆雖少，而多勇力，處山險，又善射，發能入人目。弓長四尺，力如弩。矢用楛，長一尺八寸，青石為鏃，鏃皆施毒，中人即死。便乘船，好寇盜，鄰國畏患，而卒不能服。東夷夫餘飲食類皆用俎豆，唯挹婁獨無，法俗最無綱紀者也。

　　高句驪，在遼東之東千里，南與朝鮮、濊貊，東與沃沮，北與夫餘接。地方二千里，多大山深谷，人隨而為居。少田業，力作不足以自資，故其俗節於飲食，而好修宮室。東夷相傳以為夫餘別種，故言語法則多同，而跪拜曳一腳，行步皆走。凡有五族，有消奴部、絕奴部、順奴部、灌奴部、桂婁部。本消奴部為王，稍微弱，後桂婁部代之。其置官，有相加、對盧、沛者、古鄒大加、主簿、優台、使者、帛衣先人。武帝滅朝鮮，以高句驪為縣，使屬玄菟，賜鼓吹伎人。其俗淫，皆潔淨自憙，暮夜輒男女群聚為倡樂。好祠鬼神、社稷、零星，以十月祭天大會，名曰＂東盟＂。其國東有大穴，號襚神，亦以十月迎而祭之。其公會衣服皆錦繡，金銀以自飾。大加、主簿皆著幘，如冠幘而無後；其小加著折風，形如弁。無牢獄，有罪，諸加評議便殺之，沒入妻子為奴婢。其昏姻皆就婦家，生子長大，然後將還，便稍營送終之具。金銀財幣盡於厚葬，積石為封，亦種鬆柏。其人性凶急，有氣力，習戰鬥，好寇鈔，沃沮、東濊皆屬焉。

　　句驪一名貊，有別種，依小水為居，因名曰小水貊。出好弓，所謂「貊弓」是也。

　　王莽初，發句驪兵以伐匈奴，其人不欲行，強迫遣之，皆亡出塞為寇盜。遼西大尹田譚追擊，戰死。莽令其將嚴尤擊之，誘句驪侯騊入塞，斬之，傳首長安。莽大說，更名高句驪王為下句驪侯，於是貊人寇邊愈甚。建武八年，高句驪遣使朝貢，光武復其王號。二十三年冬，句驪蠶支落大加戴升等萬餘口詣樂浪內屬。二十五年春，句驪寇右北平、漁陽、上谷、太原，而遼東太守祭肜以恩信招之，皆復款塞。

後句驪王宮生而開目能視，國人懷之，及長勇壯，數犯邊境。和帝元興元年春，復入遼東，寇略六縣，太守耿夔擊破之，斬其渠帥。安帝永初五年，宮遣使貢獻，求屬玄菟。元初五年，復與濊貊寇玄菟，攻華麗城。建光元年春，幽州刺史馮煥、玄菟太守姚光、遼東太守蔡諷等，將兵出塞擊之，捕斬濊貊渠帥，獲兵馬財物。宮乃遣嗣子遂成將二千餘人逆光等，遣使詐降；光等信之，遂成因據險厄以遮大軍，而潛遣三千人攻玄菟、遼東，焚城郭，殺傷二千餘人。於是發廣陽、漁陽、右北平、涿郡屬國三千餘騎同救之，而貊人已去。夏，復與遼東鮮卑八千餘人攻遼隊，殺略吏人。蔡諷等追擊於新昌，戰歿，功曹耿耗、兵曹掾龍端、兵馬掾公孫酺以身扞諷，俱歿於陣，死者百餘人。秋，宮遂率馬韓、濊貊數千騎圍玄菟。夫餘王遣子尉仇台將二萬餘人，與州郡並力討破之。斬首五百餘級。

是歲宮死，子遂成立。姚光上言欲因其喪發兵擊之，議者皆以為可許。尚書陳忠曰：「宮前桀黠，光不能討，死而擊之，非義也。宜遣弔問，因責讓前罪，赦不加誅，取其後善。」安帝從之。明年，遂成還漢生口，詣玄菟降。詔曰：「遂成等桀逆無狀，當斬斷葅醢，以示百姓，幸會赦令，乞罪請降。鮮卑、濊貊連年寇鈔，驅略小民，動以千數，而裁送數十百人，非向化之心也。自今已後，不與縣官戰鬥而自以親附送生口者，皆與贖直，縑人四十匹，小口半之。」

遂成死，子伯固立。其後濊貊率服，東垂少事。順帝陽嘉元年，置玄菟郡屯田六部。質、桓之間，復犯遼東西安平，殺帶方令，掠得樂浪太守妻子。建寧二年，玄菟太守耿臨討之，斬首數百級，伯固降服，乞屬玄菟雲。

東沃沮在高句驪蓋馬大山之東，東濱大海，北與挹婁、夫餘，南與濊貊接。其地東西夾，南北長，可折方千里。土肥美，背山嚮海，宜五穀，善田種，有邑落長帥。人性質直強勇，便持矛步戰。言語、食飲、居處，衣服，有似句驪。其葬，作大木槨，長十餘丈，開一頭為戶，新死者先假埋之，令皮肉盡，乃取骨置槨中。家人皆共一槨，刻木如生，隨死者為數焉。

武帝滅朝鮮，以沃沮地為玄菟郡。後為夷貊所侵，徙郡於高句驪西北，更以沃沮為縣，屬樂浪東部都尉。至光武罷都尉官，後皆以封其渠帥，為沃沮侯。其土迫小，介於大國之間，遂臣屬句驪。句驪復置其中大人為使

者，以相監領，責其租稅，貂、布、魚、鹽、海中食物，髮美女為婢妾焉。

又有北沃沮，一名置溝婁，去南沃沮八百餘里。其俗皆與南同。界南接挹婁。挹婁人喜乘船寇抄，北沃沮畏之，每夏輒臧於巖穴，至冬船道不通，乃下居邑落。其耆老言，嘗於海中得一布衣，其形如中人衣，而兩袖長三丈。又於岸際見一人乘破船，頂中復有面，與語不通，不食而死。又說海中有女國，無男人。或傳其國有神井，窺之輒生子云。

濊北與高句驪、沃沮，南與辰韓接，東窮大海，西至樂浪。濊及沃沮、句驪，本皆朝鮮之地也。昔武王封箕子於朝鮮，箕子教以禮義田蠶，又制八條之教。其人終不相盜，無門戶之閉。婦人貞信。飲食以籩豆。其後四十餘世，至朝鮮侯準自稱王。漢初大亂，燕、齊、趙人往避地者數万口，而燕人衛滿擊破準，而自王朝鮮，傳國至孫右渠。元朔元年，濊君南閭等畔右渠，率二十八萬口詣遼東內屬，武帝以其地為蒼海郡，數年乃罷。至元封三年，滅朝鮮，分置樂浪、臨屯、玄菟、真番四郡。至昭帝始元五年，罷臨屯、真番，以並樂浪、玄菟。玄菟復徙居句驪。自單單大領已東，沃沮、濊貊悉屬樂浪。後以境土廣遠，複分領東七縣，置樂浪東部都尉。自內屬已後，風俗稍薄，法禁亦浸多，至有六十餘條。建武六年，省都尉官，遂棄領東地，悉封其渠帥為縣侯，皆歲時朝賀。

無大君長，其官有侯、邑君、三老。耆舊自謂與句驪同種，言語法俗大抵相類。其人性愚慤，少嗜欲，不請丐。男女皆衣曲領。其俗重山川，山川各有部界，不得妄相干涉。同姓不昏。多所忌諱，疾病死亡，輒捐棄舊宅，更造新居。知種麻，養蠶，作綿布。曉候星宿，豫知年歲豐約。常用十月祭天，晝夜飲酒歌舞，名之為"舞天"。又祠虎以為神。邑落有相侵犯者，輒相罰，責生口牛馬，名之為"責禍"。殺人者償死。少寇盜。能步戰，作矛長三丈，或數人共持之。樂浪檀弓出其地。又多文豹，有果下馬，海出班魚，使來皆獻之。

韓有三種：一曰馬韓、二曰辰韓、三曰弁辰。馬韓在西，有五十四國，其北與樂浪，南與倭接，辰韓在東，十有二國，其北與濊貊接。弁辰在辰韓之南，亦十有二國，其南亦與倭接。凡七十八國，伯濟是其一國焉。大者萬餘戶，小者數千家，各在山海間，地合方四千餘里，東西以海為限，

皆古之辰國也。馬韓最大，共立其種為辰王，都目支國，盡王三韓之地。其諸國王先皆是馬韓種人焉。

馬韓人知田蠶，作綿布。出大栗如梨。有長尾雞，尾長五尺。邑落雜居，亦無城郭。作土室，形如塚，開戶在上。不知跪拜。無長幼男女之別。不貴金寶錦罽，不知騎乘牛馬，唯重瓔珠，以綴衣為飾，及縣頸垂耳。大率皆魁頭露糸介，布袍草履。其人壯勇，少年有築室作力者，輒以繩貫脊皮，縋以大木，歡呼為健。常以五月田竟祭鬼神，晝夜酒會，群聚歌舞，舞輒數十人相隨，蹋地為節。十月農功畢，亦復如之。諸國邑各以一人主祭天神，號為"天君"。又立蘇塗，建大木以縣鈴鼓，事鬼神。其南界近倭，亦有文身者。

辰韓，耆老自言秦之亡人，避苦役，適韓國，馬韓割東界地與之。其名國為邦，弓為弧，賊為寇，行酒為行觴，相呼為徒，有似秦語，故或名之為秦韓。有城柵屋室。諸小別邑，各有渠帥，大者名臣智，次有儉側，次有樊秖，次有殺奚，次有邑借。土地肥美，宜五穀。知蠶桑，作縑布。乘駕牛馬。嫁娶以禮。行者讓路。國出鐵，濊、倭、馬韓並從市之。凡諸貿易，皆以鐵為貨。俗喜歌舞、飲酒、鼓瑟。兒生欲令其頭扁，皆押之以石。

弁辰與辰韓雜居，城郭衣服皆同，語言風俗有異。其人形皆長大，美髮，衣服潔清。而刑法嚴峻。其國近倭，故頗有文身者。

初，朝鮮王準為衛滿所破，乃將其餘衆數千人走入海，攻馬韓，破之，自立為韓王。准後滅絕，馬韓人復自立為辰王。建武二十年，韓人廉斯人蘇馬諟等，詣樂浪貢獻。光武封蘇馬諟為漢廉斯邑君，使屬樂浪郡，四時朝謁。靈帝末，韓、濊並盛，郡縣不能製，百姓苦亂，多流亡入韓者。

馬韓之西，海島上有州胡國。其人短小，髡頭，衣韋衣，有上無下。好養牛豕。乘船往來，貨市韓中。

倭在韓東南大海中，依山島為居，凡百餘國。自武帝滅朝鮮，使驛通於漢者三十許國，國皆稱王，世世傳統。其大倭王居邪馬臺國。樂浪郡徼，去其國萬二千里，去其西北界拘邪韓國七千餘里。其地大較在會稽東冶之東，與朱崖、儋耳相近，故其法俗多同。土宜禾稻、麻紵、蠶桑，知織績為縑布。出白珠、青玉。其山有丹土。氣溫暖，冬夏生菜茹。無牛、馬、虎、豹、

羊、鵲。其兵有矛、楯、木弓、竹矢，或以骨為鏃。男子皆黥面文身，以其文左右大小別尊卑之差。其男衣皆橫幅，結束相連。女人被髮屈紒，衣如單被，貫頭而著之；並以丹朱坌身，如中國之用粉也。有城柵屋室。父母兄弟異處，唯會同男女無別。飲食以手，而用籩豆。俗皆徒跣，以蹲踞為恭敬。人性嗜酒。多壽考，至百餘歲者甚眾。國多女子，大人皆有四五妻，其餘或兩或三。女人不淫不妒。又俗不盜竊，少爭訟。犯法者沒其妻子，重者滅其門族。其死停喪十餘日，家人哭泣，不進酒食，而等類就歌舞為樂。灼骨以卜，用決吉凶。行來度海，令一人不櫛沐，不食肉，不近婦人，名曰"持衰"。若在塗吉利，則雇以財物；如病疾遭害，以為持衰不謹，便共殺之。

建武中元二年，倭奴國奉貢朝賀，使人自稱大夫，倭國之極南界也。光武賜以印綬。安帝永初元年，倭國王帥升等獻生口百六十人，願請見。

桓、靈間，倭國大亂，更相攻伐，歷年無主。有一女子各曰卑彌呼，年長不嫁，事鬼神道，能以妖惑眾，於是共立為王。侍婢千人，少有見者，唯有男子一人給飲食，傳辭語。居處宮室、樓觀城柵，皆持兵守衛。法俗嚴峻。

自女王國東度海千餘里，至拘奴國，雖皆倭種，而不屬女王。自女王國南四千餘里，至朱儒國，人長三四尺。自朱儒東南行船一年，至裸國、黑齒國，使驛所傳，極於此矣。

會稽海外有東鯷人，分為二十餘國。又有夷洲及澶洲。傳言秦始皇遣方士徐福將童男女數千人入海，求蓬萊神仙不得，徐福畏誅不敢還，遂止此洲，世世相承，有數萬家。人民時至會稽市。會稽東治縣人有入海行遭風，流移至澶洲者。所在絕遠，不可往來。 論曰：「昔箕子違衰殷之運，避地朝鮮。始其國俗未有聞也，及施八條之約，使人知禁，遂乃邑無淫盜，門不夜扄，回頑薄之俗，就寬略之法，行數百千年，故東夷通以柔謹為風，異乎三方者也。苟政之所暢，則道義存焉。仲尼懷憤，以為九夷可居。或疑其陋。子曰：「君子居之，何陋之有！」 亦徒有以焉爾。其後遂通接商賈，漸交上國。而燕人衛滿擾雜其風，於是從而澆異焉。《老子》曰：」法令滋章，盜賊多有。」若箕子之省簡文條而用信義，其得聖賢作法之原矣！

贊曰：宅是嵎夷，曰乃暘谷。巢山潛海，厥區九族。嬴末紛亂，燕人違難。雜華澆本，遂通有漢。眇眇偏譯，或從或畔。

後漢書には「其大倭王居邪馬臺國」と記載しています。訳せばその大倭王（景行天皇）が居るのは末路の地の山で見晴らしの好い高殿（巻向遺跡）。古代漢語の臺を台（たい）に変えてしまう話は今日の混乱のもとですが特に「大人皆有四五妻」は三国志と違って別の解釈をしています。他は後漢の出来事で反曹魏ですから、後漢書の文章を正確に解釈するのは無理がありますし、三国志の意味を理解できません。次に目録だけ書いておきます。

後漢書目録

第十三章

どじょうずし

　近年の話で忘れされようとしている神社に関する話が欲しくて知人の中村さんに尼崎の東側に流れている猪名川に近い豊中、春日神社の祭礼が始まると近隣人がどじょうずしを作って祝うと言うので、作り方を書いてもらいました。

懐かしいどじょう寿司

　昭和の時代（1960 年頃）までは園田（尼崎）周辺の川でドジョウが捕れた。

　豊中の岡町という所では最後まで一軒ドジョウの箱寿司が売られていた、私が明治生まれの両親のもとで作りだしたのが、子供の手が離れた 1988 年から勤め先やサークルで持ち寄りの会が有り作って持っていったのが珍しがられ、気を良くした私は持ちよりには殆どドジョウ寿司と決めていた。

　Request してくれる方も有り、その方の家での集まりには届けたりもした。その頃はまだ庄内の豊南市場の中に「魚定」という川魚専門店があって 1 Kg4.500 円とちょっと値が張るが、小指位の太さで 13cm が一番作り易く、良く形は揃わないが何より活きている。だからまず深鍋に入れて塩を入れて蓋をする。ドジョウは必死になってあばれやがて、やがて静かになる。ぬめりを取って、金串に 12 ～ 3 匹ずつ串刺しにする（頭の下）この時とばかり軒下に納まってある 1kg のドジョウで木箱 10 × 7cm の木枠、内径 8 × 14.6cm 深さ 4cm の箱寿司（押し寿司）が米 1 升で 13 箱できる。ここで七輪の出番（私の郷里ではカンテキという）。七輪を

取り出し炭火を起こす。鰻のタレに似た味を作り浸けては焼きを繰り返す。次に臭い止めに生姜を少し骨ごと出刃包丁で細かくし、残ったタレで味付けをし酢飯の専用木枠に酢飯を上部 5mm 程残し、一度木枠の蓋で押して御飯を平らにする。するとドジョウが綺麗に収まる。そしてその上部にドジョウを面に入れて木蓋を押して枠を抜く。大皿に葉蘭を敷いて盛り付けると出来あがり。

今思えば如何して写真に撮っておかなかったのか。既に使わなくなった木枠はあるが、もう出番がない、主役のドジョウが手に入らなくなった「魚定」の閉店はドジョウ寿司の終わりを告げる。

でこの話は終わりですが、西の藻川を越せばドジョウの代わりに生節を使うのが食満地区の箱ずしです。尼崎北は何処を掘っても遺跡が出て来る。規模は小さいが田能資料館に行けば卑弥呼の居城、吉野里遺跡から出土したボウフラ貝の腕輪が展示しています。この地域の神社規模はは小さいですが手前から拝殿、祭壇、神殿と奥域が有り、出雲大神社に近い形式に為っています。その他権現造りに似ています。

唯、此処でどじょうの調理方法を紹介している訳ではありません。魚の仲間でも鰓呼吸だけでなく腸呼吸がドジョウは出来るので水が少なく成っても生き残れる魚がドジョウです。自然条件で食料が少なくなっても、たにしやしじみとどじょうがいれば大切な食料になります。他の料理方法も有るかもしれませんが、アジア大陸の何処かでどじょうずしがあるなら、そこの地域と繋がります。豊中の春日神社も猪名川の近くの摂津地域です。

四十一年，歸到筑紫。胸形大神欲得之，阿知留兄媛而去。到攝津武庫，會帝崩，因獻三女於仁德帝。これは阿知主の文章の一部に阿知留の兄嫁が去る、この地方に阿知主の一部の人が来ている話です。田能の資料館にある鉄の矢じりやボウフラ貝の腕輪も繋がりそうですし、掘れば弥生の遺跡が多いのも繋がりました。摂津武庫と言えば遺跡の面積が 5Km 以上で、小形ですが古墳も有る尼崎の北地区がこの地に該当しそうです。ではこの地の遠祖阿知がいたのか？　と聞かれれば度々の水害で流され埋

もれの積つみかさねですから答えはできません。昭和の初期に山村では
どじょうが普通に食されて海の"いかなご"を初めて見た人は海泥鰌（う
みどじょう）と喜ばれました。現在では信じられない話ですが意外と古
い話も身近にあります。別の地域でもどじょうずしが繋がれば良いので
すが。

　日本中に歴史の足跡は数え切れない位有るはずで気がつかないだけか
もしれません。その一つがこの摂津の地域です。（現在の尼崎北）。劉阿知
が倭に渡来して其の一部が猪名川の汐泊り付近から北にかけて暮らして
いたのではないかと思わせる遺跡が多くあります。吉野里遺跡で出たボ
ウフラ貝の腕輪、鉄の矢じりが見つかっています。古墳に墓陵も大規模
でないが有ります。普段気にも留めない歴史の大事な箇所が足元に在る
でしょう。

第十四章

烏丸鮮卑東夷傳

曹操、袁紹の官渡の戦い以後の話で三国志の話に付けくわえた話ですが、何故か倭の項だけ俾弥呼・卑弥弓呼・俾弥呼の世話をする男子・俾弥呼の国の政治を助ける義理の弟、この四人だけ名前を書いていません。その答えはこれが俾弥呼の三国志ですと答えます。史記、漢書、後漢書、三国志、四史の三国志では、烏丸鮮卑東夷傳は如何書かれているのか覗いてみます。

三国志卷三十　　　　　　　　　　　　　　魏書三十
烏丸鮮卑東夷傳第三十

　書載「蠻夷猾夏」，詩稱「玁狁孔熾」，久矣其為中國患也。秦、漢以來，匈奴久為邊害。孝武雖外事四夷，東平兩越、朝鮮，西討貳師、大宛，開邛笮、夜郎之道，然皆在荒服之外，不能為中國輕重。而匈奴最逼於諸夏，胡騎南侵則三邊受敵，是以屢遣衛、霍之將，深入北伐，窮追單于，奪其饒衍之地。後遂保塞稱藩，世以衰弱。建安中，呼廚泉南單于入朝，遂留內侍，使右賢王撫其國，而匈奴折節，過於漢舊。然烏丸、鮮卑稍更彊盛，亦因漢末之亂，中國多事，不遑外討，故得擅（漢）〔漠〕南之地，寇暴城邑，殺略人民，北邊仍受其困。會袁紹兼河北，乃撫有三郡烏丸，寵其名王而收其精騎。其後尚、熙又逃于蹋頓。蹋頓又驍武，邊長老皆比之冒頓，恃其阻遠，敢受亡命，以雄百蠻。太祖潛師北伐，出其不意，一戰而定之，夷狄慴服，威振朔土。遂引烏丸之衆服從征討，而邊民得用安息。後鮮卑大人軻比能復制御群狄，盡收匈奴故地，自雲中、五原

以東抵遼水，皆為鮮卑庭。數犯塞寇邊，幽、并苦之。田豫有馬城之圍，畢軌有陘北之敗。青龍中，帝乃聽王雄，遣劍客刺之。然後種落離散，互相侵伐，彊者遠遁，弱者請服。由是邊陲差安，（漢）〔漠〕南少事，雖時頗鈔盜，不能復相扇動矣。烏丸、鮮卑即古所謂東胡也。其習俗、前事，撰漢記者已錄而載之矣。故但舉漢末魏初以來，以備四夷之變云。〔一〕

〔一〕魏書曰：烏丸者，東胡也。漢初，匈奴冒頓滅其國，餘類保烏丸山，因以為號焉。俗善騎射，隨水草放牧，居無常處，以穹廬為宅，皆東向。日弋獵禽獸，食肉飲酪，以毛毳為衣。貴少賤老，其性悍驁，怒則殺父兄，而終不害其母，以母有族類，父兄以己為種，無復報者故也。常推募勇健能理決鬥訟相侵犯者為大人，邑落各有小帥，不世繼也。數百千落自為一部，大人有所召呼，刻木為信，邑落傳行，無文字，而部眾莫敢違犯。氏姓無常，以大人健者名字為姓。大人已下，各自畜牧治產，不相繇役。其嫁娶皆先私通，略將女去，或半歲百日，然後遣媒人送馬牛羊以為聘娶之禮。婿隨妻歸，見妻家無尊卑，旦起皆拜，而不自拜其父母。為妻家僕役二年，妻家乃厚遣送女，居處財物，一出妻家。故其俗從婦人計，至戰鬥時，乃自決之。父子男女，相對蹲踞，悉髡頭以為輕便。婦人至嫁時乃養髮，分為髻，著句決，飾以金碧，猶中國有冠步搖也。父兄死，妻後母執嫂；若無執嫂者，則己子以親之次妻伯叔焉，死則歸其故夫。俗識鳥獸孕乳，時以四節，耕種常用布穀鳴為候。地宜青穄、東牆，東牆似蓬草，實如葵子，至十月熟。能作白酒，而不知作麴糱。米常仰中國。大人能作弓矢鞍勒，鍛金鐵為兵器，能刺韋作文繡，織縷氈〈毛曷〉。有病，知以艾灸，或燒石自熨，燒地臥上，或隨痛病處，以刀決脈出血，及祝天地山川之神，無鍼藥。貴兵死，斂屍有棺，始死則哭，葬則歌舞相送。肥養犬，以采繩嬰牽，并取亡者所乘馬、衣物、生時服飾，皆燒以送之。特屬累犬，使護死者神靈歸乎赤山。赤山在遼東西北數千里，如中國人以死之魂神歸泰山也。至葬日，夜聚親舊員坐，牽犬馬歷位，或歌哭者，擲肉與之。使二人口頌咒文，使死者魂神徑至，歷險阻，勿令橫鬼遮護，達其赤山，然後殺犬馬

156

衣物燒之。敬鬼神，祠天地日月星辰山川，及先大人有健名者，亦同祠以牛羊，祠畢皆燒之。飲食必先祭。其約法，違大人言死，盜不止死。其相殘殺，令都落自相報，相報不止，詣大人平之，有罪者出其牛羊以贖死命，乃止。自殺其父兄無罪。其亡叛為大人所捕者，諸邑落不肯受，皆逐使至雍狂地。地無山，有沙漠、流水、草木，多蝮蛇，在丁令之西南，烏孫之東北，以窮困之。自其先為匈奴所破之後，人眾孤弱，為匈奴臣服，常歲輸牛馬羊，過時不具，輒虜其妻子。至匈奴壹衍鞮單于時，烏丸轉彊，發掘匈奴單于冢，將以報冒頓所破之恥。壹衍鞮單于大怒，發二萬騎以擊烏丸。大將軍霍光聞之，遣度遼將軍范明友將三萬騎出遼東追擊匈奴。比明友兵至，匈奴已引去。烏丸新被匈奴兵，乘其衰弊，遂進擊烏丸，斬首六千餘級，獲三王首還。後數復犯塞，明友輒征破之。至王莽末，並與匈奴為寇。光武定天下，遣伏波將軍馬援將三千騎，從五原關出塞征之，無利，而殺馬千餘匹。烏丸遂盛，鈔擊匈奴，匈奴轉徙千里，漠南地空。建武二十五年，烏丸大人郝旦等九千餘人率眾詣闕，封其渠帥為侯王者八十餘人，使居塞內，布列遼東屬國、遼西、右北平、漁陽、廣陽、上谷、代郡、鴈門、太原、朔方諸郡界，招來種人，給其衣食，置校尉以領護之，遂為漢偵備，擊匈奴、鮮卑。至永平中，漁陽烏丸大人欽志賁帥種人叛，鮮卑還為寇害，遼東太守祭肜募殺志賁，遂破其眾。至安帝時，漁陽、右北平、鴈門烏丸率眾王無何等復與鮮卑、匈奴合，鈔略代郡、上谷、涿郡、五原，乃以大司農何熙行車騎將軍，左右羽林五營士，發緣邊七郡黎陽營兵合二萬人擊之。匈奴降，鮮卑、烏丸各還塞外。是後，烏丸稍復親附，拜其大人戎末廆為都尉。至順帝時，戎末廆率將王侯咄歸、去延等從烏丸校尉耿曄出塞擊鮮卑有功，還皆拜為率眾王，賜束帛。

漢末，遼西烏丸大人丘力居，眾五千餘落，上谷烏丸大人難樓，眾九千餘落，各稱王，而遼東屬國烏丸大人蘇僕延，眾千餘落，自稱峭王，右北平烏丸大人烏延，眾八百餘落，自稱汗魯王，皆有計策勇健。中山太守張純叛入丘力居眾中，自號彌天安定王，為三郡烏丸元帥，寇略青、徐、幽、冀四州，殺略吏民。靈帝末，以劉虞為幽州牧，募胡斬純首，北州乃

定。後丘力居死，子樓班年小，從子蹋頓有武略，代立，總攝三王部，衆皆從其教令。袁紹與公孫瓚連戰不決，蹋頓遣使詣紹求和親，助紹擊瓚，破之。紹矯制賜蹋頓、（難）峭王、汗魯王印綬，皆以為單于。〔一〕

〔一〕英雄記曰：紹遣使即拜烏丸三王為單于，皆安車、華蓋、羽旄、黃屋、左纛。版

　文曰：「使持節大將軍督幽、青、并領冀州牧阮鄉侯紹，承制詔遼東屬國率衆王頌下、烏丸遼西率衆王蹋頓、右北平率衆王汗盧維：乃祖慕義遷善，款塞內附，北捍獫狁，東拒濊貊，世守北陲，為百姓保障，雖時侵犯王略，命將徂征厥罪，率不旋時，悔恚變改，方之外夷，最又聰惠者也。始有千夫長、百夫長以相統領，

　用能悉乃心，克有勳力於國家，稍受王侯之命。自我王室多故，公孫瓚作難，殘夷　　厥土之君，以侮天慢主，是以四海之內，並執干戈以衛社稷。三王奮氣裔土，忿姦憂國，控弦與漢兵為表裏，誠甚忠孝，朝所嘉焉。然而虎兒長蛇，相隨塞路，王官爵命，否而無聞。夫有勳不賞，俾勤者怠。今遣行謁者楊林，齎單于璽綬車服，以對爾勞。其各綏靜部落，教以謹慎，無使作凶作慝。世復爾祀位，長為百蠻長。厥有咎有不臧者，泯於爾祿，而喪於乃庸，可不勉乎！烏桓單于都護部衆，左右單于受其節度，他如故事。」

　後樓班大，峭王率其部衆奉樓班為單于，蹋頓為王。然蹋頓多畫計策。廣陽閻柔，少沒烏丸、鮮卑中，為其種所歸信。柔乃因鮮卑衆，殺烏丸校尉邢舉代之，紹因寵慰以安北邊。後袁尚敗奔蹋頓，憑其勢，復圖冀州。會太祖平河北，柔帥鮮卑、烏丸歸附，遂因以柔為校尉，猶持漢使節，治廣寗如舊。建安十一年，太祖自征蹋頓於柳城，潛軍詭道，未至百餘里，虜乃覺。尚與蹋頓將衆逆戰於凡城，兵馬甚盛。太祖登高望虜陳，（柳）〔抑〕軍未進，觀其小動，乃擊破其衆，臨陳斬蹋頓首，死者被野。速附丸、樓班、烏延等走遼東，遼東悉斬，傳送其首。其餘遺迸皆降。及幽州、并州柔所統烏丸萬餘落，悉徙其族居中國，帥從其侯王大人種衆與征伐。由是

三郡烏丸為天下名騎。〔一〕

〔一〕魏略曰：景初元年秋，遣幽州刺史毌丘儉率衆軍討遼東。右北平烏丸單于寇婁敦、遼西烏丸都督率衆王護留葉，昔隨袁尚奔遼西，聞儉軍至，率衆五千餘人降。寇

婁敦遣弟（阿羅槃）〔阿羅槃〕等詣闕朝貢，封其渠帥三十餘為王，賜輿馬繒采各

有差。

鮮卑〔一〕步度根既立，衆稍衰弱，中兄扶羅韓亦別擁衆數萬為大人。建安中，太祖定幽州，步度根與軻比能等因烏丸校尉閻柔上貢獻。後代郡烏丸能臣氐等叛，求屬扶羅韓，扶羅韓將萬餘騎迎之。到桑乾，氐等議，以為扶羅韓部威禁寬緩，恐不見濟，更遣人呼軻比能。比能即將萬餘騎到，當共盟誓。比能便於會上殺扶羅韓，扶羅韓子泄歸泥及部衆悉屬比能。比能自以殺歸泥父，特又善遇之。步度根由是怨比能。文帝踐阼，田豫為烏丸校尉，持節并護鮮卑，屯昌平。步度根遣使獻馬，帝拜為王。後數與軻比能更相攻擊，步度根部衆稍寡弱，將其衆萬餘落保太原、鴈門郡。步度根乃使人招呼泄歸泥曰：「汝父為比能所殺，不念報仇，反屬怨家。今雖厚待汝，是欲殺汝計也。不如還我，我與汝是骨肉至親，豈與仇等？」由是歸泥將其部落逃歸步度根，比能追之弗及。至黃初五年，步度根詣闕貢獻，厚加賞賜，是後一心守邊，不為寇害，而軻比能衆遂彊盛。明帝即位，務欲綏和戎狄，以息征伐，羈縻兩部而已。至青龍元年，比能誘步度根深結和親，於是步度根將泄歸泥及部衆悉保比能，寇鈔并州，殺略吏民。帝遣驍騎將軍秦朗征之，歸泥叛比能，將其部衆降，拜歸義王，賜幢麾、曲蓋、鼓吹，居并州如故。步度根為比能所殺。

〔一〕魏書曰：鮮卑亦東胡之餘也，別保鮮卑山，因號焉。其言語習俗與烏丸同。其地東接遼水，西當西城。常以季春大會，作樂水上，嫁女娶婦，髡頭飲宴。其獸異於中國者，野馬、羱羊、端牛。端牛角為弓，世謂之角端者也。又有貂、豽、鼲子，皮毛柔蠕，故天下以為名裘。鮮卑自為冒頓所破，遠竄遼東塞外，不與餘國爭衡，未有名通於漢，而（由）自與烏丸

相接。至光武時，南北單于更相攻伐，匈奴損耗，而鮮卑遂盛。建武三十年，鮮卑大人於仇賁率種人詣闕朝貢，封於仇賁為王。永平中，祭肜為遼東太守，誘賂鮮卑，使斬叛烏丸欽志賁等首，於是鮮卑自燉煌、酒泉以東邑落大人，皆詣遼東受賞賜，青、徐二人州給錢，歲二億七千萬以為常。和帝時，鮮卑大都護校尉庵帥部眾從烏丸校尉任尚擊叛者，封校尉庵為率眾王。殤帝延平中，鮮卑乃東入塞，殺漁陽太守張顯。安帝時，鮮卑大人燕荔陽入朝，漢賜鮮卑王印綬，赤車參駕，止烏丸校尉所治甯下。通胡市，築南北兩部質宮，受邑落質者〔百〕二十部。是後或反或降，或與匈奴、烏丸相攻擊。安帝末，發緣邊步騎二萬餘人，屯列衝要。後鮮卑八九千騎穿代郡及馬城塞入害長吏，漢遣度遼將軍鄧遵、中郎將馬續出塞追破之。鮮卑大人烏倫、其至鞬等七千餘人詣遵降，封烏倫為王，其至鞬為侯，賜采帛。遵去後，其至鞬復反，圍烏丸校尉於馬城，度遼將軍耿夔及幽州刺史救解之。其至鞬遂盛，控弦數萬騎，數道入塞，趣五原（寧貊）〔曼柏〕，攻匈奴南單于，殺左奧鞬日逐王。順帝時，復入塞，殺代郡太守。漢遣黎陽營兵屯中山，緣邊郡兵屯塞下，調五營弩帥令教戰射，南單于將步騎萬餘人助漢擊卻之。後烏丸校尉耿曄將率眾王出塞擊鮮卑，多斬首虜，於是鮮卑三萬餘落，詣遼東降。匈奴及北單于遁逃後，餘種十餘萬落，詣遼東雜處，皆自號鮮卑兵。投鹿侯從匈奴軍三年，其妻在家，有子。投鹿侯歸，怪欲殺之。妻言：「嘗晝行聞雷震，仰天視而電入其口，因吞之，遂妊身，十月而產，此子必有奇異，且長之。」投鹿侯固不信。妻乃語家，令收養焉，號檀石槐，長大勇健，智略絕眾。年十四五，異部大人卜賁邑鈔取其外家牛羊，檀石槐策騎追擊，所向無前，悉還得所亡。由是部落畏服，施法禁，〔平〕曲直，莫敢犯者，遂推以為大人。檀石槐既立，乃為庭於高柳北三百餘里彈汗山啜仇水上，東西部大人皆歸焉。兵馬甚盛，南鈔漢邊，北拒丁令，東卻夫餘，西擊烏孫，盡據匈奴故地，東西萬二千餘里，南北七千餘里，罔羅山川、水澤、鹽池甚廣。漢患之，桓帝時使匈奴中郎將張奐征之，不克。乃更遣使者齎印綬，即封檀石槐為王，欲與和親。檀石槐拒不肯受，寇鈔滋甚。乃分其地為中東西三部。從右北平以東至遼，（遼）〔東〕接夫餘、〔濊〕貊為東部，二十餘邑，其大人曰彌加、闕機、素利、槐頭。從右北平以西

至上谷為中部，十餘邑，其大人曰柯最、闕居、慕容等，為大帥。從上谷以西至燉煌，西接烏孫為西部，二十餘邑，其大人曰置鞬落羅、日律推演、宴荔游等，皆為大帥，而制屬檀石槐。至靈帝時，大鈔略幽、并二州。緣邊諸郡，無歲不被其毒。（嘉）〔熹〕平六年，遣護烏丸校尉夏育，破鮮卑中郎將田晏，匈奴中郎將臧旻與南單于出鴈門塞，三道並進，徑二千餘里征之。檀石槐帥部眾逆擊，旻等敗走，兵馬還者什一而已。鮮卑眾日多，田畜射獵，不足給食。後檀石槐乃案行烏侯秦水，廣袤數百里，停不流，中有魚而不能得。聞汗人善捕魚，於是檀石槐東擊汗國，得千餘家，徙置烏侯秦水上，使捕魚以助糧。至于今，烏侯秦水上有汗人數百戶。檀石槐年四十五死，子和連代立。和連材力不及父，而貪淫，斷法不平，眾叛者半。靈帝末年數為寇鈔，攻北地，北地庶人善弩射者射中和連，和連即死。其子騫曼小，兄子魁頭代立。魁頭既立後，騫曼長大，與魁頭爭國，眾遂離散。魁頭死，弟步度根代立。自<u>檀石槐</u>死後，諸大人遂世相襲也。

　<u>軻比能</u>本小種鮮卑，以勇健，斷法平端，不貪財物，眾推以為大人。部落近塞，自<u>袁紹</u>據河北，中國人多亡叛歸之，教作兵器鎧楯，頗學文字。故其勒御部眾，擬則中國，出入弋獵，建立旌麾，以鼓節為進退。<u>建安</u>中，因<u>閻柔</u>上貢獻。<u>太祖</u>西征關中，<u>田銀</u>反河間，<u>比能</u>將三千餘騎隨<u>柔</u>擊破<u>銀</u>。後代郡<u>烏丸</u>反，<u>比能</u>復助為寇害，<u>太祖</u>以<u>鄢陵侯彰</u>為驍騎將軍，北征，大破之。<u>比能</u>走出塞，後復通貢獻。<u>延康</u>初，<u>比能</u>遣使獻馬，<u>文帝</u>亦立<u>比能</u>為附義王。<u>黃初</u>二年，<u>比能</u>出諸魏人在鮮卑者五百餘家，還居<u>代郡</u>。明年，<u>比能</u>帥部落大人小子代郡<u>烏丸修武盧</u>等三千餘騎，驅牛馬七萬餘口交市，遣魏人千餘家居<u>上谷</u>。後與<u>東部</u>鮮卑大人<u>素利</u>及<u>步度根</u>三部爭鬥，更相攻擊。<u>田豫</u>和合，使不得相侵。五年，<u>比能</u>復擊<u>素利</u>，<u>豫</u>帥輕騎徑進掎其後。<u>比能</u>使別小帥<u>瑣奴</u>拒<u>豫</u>，<u>豫</u>進討，破走之，由是懷貳。乃與輔國將軍<u>鮮于輔</u>書曰：「夷狄不識文字，故校尉<u>閻柔</u>保我於天子。我與<u>素利</u>為讎，往年攻擊之，而<u>田</u>校尉助<u>素利</u>。我臨陳使<u>瑣奴</u>往，聞使君來，即便引軍退。<u>步度根</u>數數鈔盜，又殺我弟，而誣我以鈔盜。我夷狄雖不知禮義，兄弟子孫受天子印綬，牛馬尚知美水草，況我有人心邪！將軍當保明

我於天子。」輔得書以聞，帝復使豫招納安慰。比能衆遂彊盛，控弦十餘萬騎。每鈔略得財物，均平分付，一決目前，終無所私，故得衆死力，餘部大人皆敬憚之，然猶未能及檀石槐也。

太和二年，豫遣譯夏舍詣比能女婿鬱築鞬部，舍為鞬所殺。其秋，豫將西部鮮卑蒲頭、泄歸泥出塞討鬱築鞬，大破之。還至馬城，比能自將三萬騎圍豫七日。上谷太守閻志，柔之弟也，素為鮮卑所信。志往解喻，即解圍去。後幽州刺史王雄并領校尉，撫以恩信。比能數款塞，詣州奉貢獻。至青龍元年，比能誘納步度根，使叛并州，與結和親，自勒萬騎迎其累重於陘北。并州刺史畢軌遣將軍蘇尚、董弼等擊之，比能遣子將騎與尚等會戰於樓煩，臨陳害尚、弼。至三年中，雄遣勇士韓龍刺殺比能，更立其弟。

素利、彌加、厥機皆為大人，在遼西、右北平、漁陽塞外，道遠初不為邊患，然其種衆多於比能。建安中，因閻柔上貢獻，通市，太祖皆表寵以為王。厥機死，又立其子沙末汗為親漢王。延康初，又各遣使獻馬。文帝立素利、彌加為歸義王。素利與比能更相攻擊。太和二年，素利死。子小，以弟成律歸為王，代攝其衆。

書稱「東漸于海，西被于流沙」。其九服之制，可得而言也。然荒域之外，重譯而至，非足跡車軌所及，未有知其國俗殊方者也。自虞暨周，西戎有白環之獻，東夷有肅慎之貢，皆曠世而至，其邈遠也如此。及漢氏遣張騫使西域，窮河源，經歷諸國，遂置都護以總領之，然後西域之事具存，故史官得詳載焉。魏興，西域雖不能盡至，其大國龜茲、于寘、康居、烏孫、疏勒、月氏、鄯善、車師之屬，無歲不奉朝貢，略如漢氏故事。而公孫淵仍父祖三世有遼東，天子為其絕域，委以海外之事，遂隔斷東夷，不得通於諸夏。景初中，大興師旅，誅淵，又潛軍浮海，收樂浪、帶方之郡，而後海表謐然，東夷屈服。其後高句麗背叛，又遣偏師致討，窮追極遠，踰烏丸、骨都，過沃沮，踐肅慎之庭，東臨大海。長老說有異面之人，近日之所出，遂周觀諸國，采其法俗，小大區別，各有名號，可得詳紀。雖夷狄之邦，而俎豆之象存。中國失禮，求之四夷，猶信。故撰次其國，列其同異，以接前史之所未備焉。

夫餘在長城之北，去玄菟千里，南與高句麗，東與挹婁，西與鮮卑接，北有弱水，方可二千里。戶八萬，其民土著，有宮室、倉庫、牢獄。多山陵、廣澤，於東夷之域最平敞。土地宜五穀，不生五果。其人麤大，性彊勇謹厚，不寇鈔。國有君王，皆以六畜名官，有馬加、牛加、豬加、狗加、大使、大使者、使者。邑落有豪民，名下戶皆為奴僕。諸加別主四出，道大者主數千家，小者數百家。食飲皆用俎豆，會同、拜爵、洗爵，揖讓升降。以殷正月祭天，國中大會，連日飲食歌舞，名曰迎鼓，於是時斷刑獄，解囚徒。在國衣尚白，白布大袂，袍、袴，履革鞜。出國則尚繒繡錦罽，大人加狐狸、狖白、黑貂之裘，以金銀飾帽。譯人傳辭，皆跪，手據地竊語。用刑嚴急，殺人者死，沒其家人為奴婢。竊盜一責十二。男女淫，婦人妒，皆殺之。尤憎妒，已殺，尸之國南山上，至腐爛。女家欲得，輸牛馬乃與之。兄死妻嫂，與匈奴同俗。其國善養牲，出名馬、赤玉、貂狖、美珠。珠大者如酸棗。以弓矢刀矛為兵，家家自有鎧仗。國之耆老自說古之亡人。作城柵皆員，有似牢獄。行道晝夜無老幼皆歌，通日聲不絕。有軍事亦祭天，殺牛觀蹄以占吉凶，蹄解者為凶，合者為吉。有敵，諸加自戰，下戶俱擔糧飲食之。其死，夏月皆用冰。殺人徇葬，多者百數。厚葬，有槨無棺。〔一〕

〔一〕魏略曰：其俗停喪五月，以久為榮。其祭亡者，有生有熟。喪主不欲速而他人彊之，常諍引以此為節。其居喪，男女皆純白，婦人著布面衣，去環珮，大體與中國相彷彿也。

夫餘本屬玄菟。漢末，公孫度雄張海東，威服外夷，夫餘王尉仇台更屬遼東。時句麗、鮮卑彊，度以夫餘在二虜之間，妻以宗女。尉仇台死，簡位居立。無適子，有孽子麻余。位居死，諸加共立麻余。牛加兄子名位居，為大使，輕財善施，國人附之，歲歲遣使詣京都貢獻。正始中，幽州刺史毌丘儉討句麗，遣玄菟太守王頎詣夫餘，位居遣大加郊迎，供軍糧。季父牛加有二心，位居殺季父父子，籍沒財物，遣使簿斂送官。舊夫餘

俗，水旱不調，五穀不熟，輒歸咎於王，或言當易，或言當殺。麻余死，其子依慮年六歲，立以為王。漢時，夫餘王葬用玉匣，常豫以付玄菟郡，王死則迎取以葬。公孫淵伏誅，玄菟庫猶有玉匣一具。今夫餘庫有玉璧、珪、瓚數代之物，傳世以為寶，耆老言先代之所賜也。〔一〕其印文言「濊王之印」，國有故城名濊城，蓋本濊貊之地，而夫餘王其中，自謂「亡人」，抑有（似）〔以〕也。〔二〕

　　〔一〕魏略曰：其國殷富，自先世以來，未嘗破壞。
　　〔二〕魏略曰：舊志又言，昔北方有高離之國者，其王者侍婢有身，王欲殺之，婢云：
「有氣如雞子來下，我故有身。」後生子，王捐之於溷中，豬以喙嘘之，徙至馬閑，馬以氣嘘之，不死。王疑以為天子也，乃令其母收畜之，名曰東明，常令牧馬。東明善射，王恐奪其國也，欲殺之。東明走，南至施掩水，以弓擊水，魚鱉浮為橋，東明得度，魚鱉乃解散，追兵不得渡。東明因都王夫餘之地。

　　高句麗在遼東之東千里，南與朝鮮、濊貊，東與沃沮，北與夫餘接。都於丸都之下，方可二千里，戶三萬。多大山深谷，無原澤。隨山谷以為居，食澗水。無良田，雖力佃作，不足以實口腹。其俗節食，好治宮室，於所居之左右立大屋，祭鬼神，又祀靈星、社稷。其人性凶急，善寇鈔。其國有王，其官有相加、對盧、沛者、古雛加、主簿、優台丞、使者、皁衣先人，尊卑各有等級。東夷舊語以為夫餘別種，言語諸事，多與夫餘同，其性氣衣服有異。本有五族，有涓奴部、絕奴部、順奴部、灌奴部、桂婁部。本涓奴部為王，稍微弱，今桂婁部代之。漢時賜鼓吹技人，常從玄菟郡受朝服衣幘，高句麗令主其名籍。後稍驕恣，不復詣郡，于東界築小城，置朝服衣幘其中，歲時來取之，今胡猶名此城為幘溝漊。溝漊者，句麗名城也。其置官，有對盧則不置沛者，有沛者則不置對盧。王之宗族，其大加皆稱古雛加。涓奴部本國主，今雖不為王，適統大人，得稱古雛加，亦得立宗廟，祠靈星、社稷。絕奴部世與王婚，加古雛之號。諸大

加亦自置使者、皁衣先人，名皆達於王，如卿大夫之家臣，會同坐起，不得與王家使者、皁衣先人同列。其國中大家不佃作，坐食者萬餘口，下戶遠擔米糧魚鹽供給之。其民喜歌舞，國中邑落，暮夜男女群聚，相就歌戲。無大倉庫，家家自有小倉，名之為桴京。其人絜清自喜，喜藏釀。跪拜申一腳，與夫餘異，行步皆走。以十月祭天，國中大會，名曰東盟。其公會，衣服皆錦繡金銀以自飾。大加主簿頭著幘，如幘而無餘，其小加著折風，形如弁。其國東有大穴，名隧穴，十月國中大會，迎隧神還于國東上祭之，置木隧于神坐。無牢獄，有罪諸加評議，便殺之，沒入妻子為奴婢。其俗作婚姻，言語已定，女家作小屋於大屋後，名婿屋，婿暮至女家戶外，自名跪拜，乞得就女宿，如是者再三，女父母乃聽使就小屋中宿，傍頓錢帛，至生子已長大，乃將婦歸家。其俗淫。男女已嫁娶，便稍作送終之衣。厚葬，金銀財幣，盡於送死，積石為封，列種松柏。其馬皆小，便登山。國人有氣力，習戰鬥，沃沮、東濊皆屬焉。又有小水貊。句麗作國，依大水而居，西安平縣北有小水，南流入海，句麗別種依小水作國，因名之為小水貊，出好弓，所謂貊弓是也。

王莽初發高句麗兵以伐胡，不欲行，彊迫遣之，皆亡出塞為寇盜。遼西大尹田譚追擊之，為所殺。州郡縣歸咎于句麗侯騶，嚴尤奏言：「貊人犯法，罪不起于騶，且宜安慰。今猥被之大罪，恐其遂反。」莽不聽，詔尤擊之。尤誘期句麗侯騶至而斬之，傳送其首詣長安。莽大悅，布告天下，更名高句麗為下句麗。當此時為侯國，漢光武帝八年，高句麗王遣使朝貢，始見稱王。

至殤、安之間，句麗王宮數寇遼東，更屬玄菟。遼東太守蔡風、玄菟太守姚光以宮為二郡害，興師伐之。宮詐降請和，二郡不進。宮密遣軍攻玄菟，焚燒候城，入遼隧，殺吏民。後宮復犯遼東，蔡風輕將吏士追討之，軍敗沒。

宮死，子伯固立。順、桓之間，復犯遼東，寇新安、居鄉，又攻西安平，于道上殺帶方令，略得樂浪太守妻子。靈帝建寧二年，玄菟太守耿臨討之，斬首虜數百級，伯固降，屬遼東。（嘉）〔熹〕平中，伯固乞屬玄菟。公孫度之雄海東也，伯固遣大加優居、主簿然人等助度擊富山賊，破

之。

　伯固死，有二子，長子拔奇，小子伊夷模。拔奇不肖，國人便共立伊夷模為王。自伯固時，數寇遼東，又受亡胡五百餘家。建安中，公孫康出軍擊之，破其國，焚燒邑落。拔奇怨為兄而不得立，與涓奴加各將下戶三萬餘口詣康降，還住沸流水。降胡亦叛伊夷模，伊夷模更作新國，今日所在是也。拔奇遂往遼東，有子留句麗國，今古雛加駁位居是也。其後復擊玄菟，玄菟與遼東合擊，大破之。

　伊夷模無子，淫灌奴部，生子名位宮。伊夷模死，立以為王，今句麗王宮是也。其曾祖名宮，生能開目視，其國人惡之，及長大，果凶虐，數寇鈔，國見殘破。今王生墮地，亦能開目視人。句麗呼相似為位，似其祖，故名之為位宮。位宮有力勇，便鞍馬，善獵射。景初二年，太尉司馬宣王率衆討公孫淵，宮遣主簿大加將數千人助軍。正始三年，宮寇西安平，其五年，為幽州刺吏毌丘儉所破。語在儉傳。

　東沃沮在高句麗蓋馬大山之東，濱大海而居。其地形東北狹，西南長，可千里，北與挹婁、夫餘，南與濊貊接。戶五千，無大君王，世世邑落，各有長帥。其言語與句麗大同，時時小異。漢初，燕亡人衞滿王朝鮮，時沃沮皆屬焉。漢武帝元封二年，伐朝鮮，殺滿孫右渠，分其地為四郡，以沃沮城為玄菟郡。後為夷貊所侵，徙郡句麗西北，今所謂玄菟故府是也。沃沮還屬樂浪。漢以土地廣遠，在單單大領之東，分置東部都尉，治不耐城，別主領東七縣，時沃沮亦皆為縣。漢（光）〔建〕武六年，省邊郡，都尉由此罷。其後皆以其縣中渠帥為縣侯，不耐、華麗、沃沮諸縣皆為侯國。夷狄更相攻伐，唯不耐濊侯至今猶置功曹、主簿諸曹，皆濊民作之。沃沮諸邑落渠帥，皆自稱三老，則故縣國之制也。國小，迫于大國之間，遂臣屬句麗。句麗復置其中大人為使者，使相主領，又使大加統責其租稅，貊布、魚、鹽、海中食物，千里擔負致之，又送其美女以為婢妾，遇之如奴僕。

　其土地肥美，背山向海，宜五穀，善田種。人性質直彊勇，少牛馬，便

持矛步戰。食飲居處, 衣服禮節, 有似句麗。〔一〕其葬作大木槨, 長十餘丈, 開一頭作戶。新死者皆假埋之, 才使覆形, 皮肉盡, 乃取骨置槨中。舉家皆共一槨, 刻木如生形, 隨死者為數。又有瓦〈金歷〉, 置米其中, 編縣之於槨戶邊。

〔一〕魏略曰:其嫁娶之法, 女年十歲, 已相設許。婿家迎之, 長養以為婦。至成人, 更還女家。女家責錢, 錢畢, 乃復還婿。

　毌丘儉討句麗, 句麗王宮奔沃沮, 遂進師擊之。沃沮邑落皆破之, 斬獲首虜三千餘級, 宮奔北沃沮。北沃沮一名置溝婁, 去南沃沮八百餘里, 其俗南北皆同, 與挹婁接。挹婁喜乘船寇鈔, 北沃沮畏之, 夏月恆在山巖深穴中為守備, 冬月冰凍, 船道不通, 乃下居村落。王頎別遣追討宮, 盡其東界。問其耆老「海東復有人不」?耆老言國人嘗乘船捕魚, 遭風見吹數十日, 東得一島, 上有人, 言語不相曉, 其俗常以七月取童女沈海。又言有一國亦在海中, 純女無男。又說得一布衣, 從海中浮出, 其身如中〔國〕人衣, 其兩袖長三丈。又得一破船, 隨波出在海岸邊, 有一人項中復有面, 生得之, 與語不相通, 不食而死。其域皆在沃沮東大海中。

　挹婁在夫餘東北千餘里, 濱大海, 南與北沃沮接, 未知其北所極。其土地多山險。其人形似夫餘, 言語不與夫餘、句麗同。有五穀、牛、馬、麻布。人多勇力。無大君長, 邑落各有大人。處山林之間, 常穴居, 大家深九梯, 以多為好。土氣寒, 劇於夫餘。其俗好養豬, 食其肉, 衣其皮。冬以豬膏塗身, 厚數分, 以禦風寒。夏則裸袒, 以尺布隱其前後, 以蔽形體。其人不絜, 作溷在中央, 人圍其表居。其弓長四尺, 力如弩, 矢用楛, 長尺八寸, 青石為鏃, 古之肅慎氏之國也。善射, 射人皆入(因)〔目〕。矢施毒, 人中皆死。出赤玉, 好貂, 今所謂挹婁貂是也。自漢已來, 臣屬夫餘, 夫餘責其租賦重, 以黃初中叛之。夫餘數伐之, 其人眾雖少, 所在山險, 鄰國人畏其弓矢, 卒不能服也。其國便乘船寇盜, 鄰國患之。東夷飲食類皆用俎豆, 唯挹婁不, 法俗最無綱紀也。

滅南與辰韓，北與高句麗、沃沮接，東窮大海，今朝鮮之東皆其地也。戶二萬。昔箕子既適朝鮮，作八條之教以教之，無門戶之閉而民不為盜。其後四十餘世，朝鮮侯（淮）〔準〕僭號稱王。陳勝等起，天下叛秦，燕、齊、趙民避地朝鮮數萬口。燕人衛滿，魋結夷服，復來王之。漢武帝伐滅朝鮮，分其地為四郡。自是之後，胡漢稍別。無大君長，自漢已來，其官有侯邑君、三老，統主下戶。其耆老舊自謂與句麗同種。其人性愿愨，少嗜欲，有廉恥，不請（句麗）〔句〕。言語法俗大抵與句麗同，衣服有異。男女衣皆著曲領，男子繫銀花廣數寸以為飾。自單單大山領以西屬樂浪，自領以東七縣，都尉主之，皆以滅為民。後省都尉，封其渠帥為侯，今不耐滅皆其種也。漢末更屬句麗。其俗重山川，山川各有部分，不得妄相涉入。同姓不婚。多忌諱，疾病死亡輒損棄舊宅，更作新居。有麻布，蠶桑作綿。曉候星宿，豫知年歲豐約。不以誅玉為寶。常用十月節祭天，晝夜飲酒歌舞，名之為舞天，又祭虎以為神。其邑落相侵犯，輒相罰責生口牛馬，名之為責禍。殺人者償死。少寇盜。作矛長三丈，或數人共持之，能步戰。樂浪檀弓出其地。其海出班魚皮，土地饒文豹，又出果下馬，漢桓時獻之。〔一〕

〔一〕臣松之按：果下馬高三尺，乘之可于果樹下行，故謂之果下。見博物志、魏都賦。

正始六年，樂浪太守劉茂、帶方太守弓遵以領東滅屬句麗，興師伐之，不耐侯等舉邑降。其八年，詣闕朝貢，詔更拜不耐滅王。居處雜在民間，四時詣郡朝謁。二郡有軍征賦調，供給役使，遇之如民。

韓在帶方之南，東西以海為限，南與倭接，方可四千里。有三種，一曰馬韓，二曰辰韓，三曰弁韓。辰韓者，古之辰國也。馬韓在西。其民土著，種植，知蠶桑，作綿布。各有長帥，大者自名為臣智，其次為邑借，散在山海間，無城郭。有爰襄國、牟水國、桑外國、小石索國、大石索國、優休牟涿國、臣濆沽國、伯濟國、速盧不斯國、日華國、古誕者國、古離國、怒藍國、月支國、咨離牟盧國、素謂乾國、古爰國、莫盧國、卑

離國、占離卑國、臣釁國、支侵國、狗盧國、卑彌國、監奚卑離國、古蒲國、致利鞠國、冉路國、兒林國、駟盧國、內卑離國、感奚國、萬盧國、辟卑離國、臼斯烏旦國、一離國、不彌國、支半國、狗素國、捷盧國、牟盧卑離國、臣蘇塗國、莫盧國、古臘國、臨素半國、臣雲新國、如來卑離國、楚山塗卑離國、一難國、狗奚國、不雲國、不斯濆邪國、爰池國、乾馬國、楚離國、凡五十餘國。大國萬餘家，小國數千家，總十餘萬戶。辰王治月支國。臣智或加優呼臣雲遣支報安邪踧支濆臣離兒不例拘邪秦支廉之號。其官有魏率善、邑君、歸義侯、中郎將、都尉、伯長。

　　侯準既僭號稱王，為燕亡人衛滿所攻奪，〔一〕將其左右宮人走入海，居韓地，自號韓王。〔二〕其後絕滅，今韓人猶有奉其祭祀者。漢時屬樂浪郡，四時朝謁。〔三〕

〔一〕魏略曰：昔箕子之後朝鮮侯，見周衰，燕自尊為王，欲東略地，朝鮮侯亦自稱

　　為王，欲興兵逆擊燕以尊周室。其大夫禮諫之，乃止。使禮西說燕，燕止之，不攻。後子孫稍驕虐，燕乃遣將秦開攻其西方，取地二千餘里，至滿番汗為界，朝鮮遂弱。及秦并天下，使蒙恬築長城，到遼東。時朝鮮王否立，畏秦襲之，略服屬秦，不肯朝會。否死，其子準立。二十餘年而陳、項起，天下亂，燕、齊、趙民愁苦，稍稍亡往準，準乃置之於西方。及漢以盧綰為燕王，朝鮮與燕界於浿水。及綰反，入匈奴，燕人衛滿亡命，為胡服，東度浿水，詣準降，說準求居西界，（故）〔收〕中國亡命為朝鮮藩屏。準信寵之，拜為博士，賜以圭，封之百里，令守西邊。滿誘亡黨，眾稍多，乃詐遣人告準，言漢兵十道至，求入宿衛，遂還攻準。準與滿戰，不敵也。

〔二〕魏略曰：其子及親留在國者，因冒姓韓氏。準王海中，不與朝鮮相往來。

〔三〕魏略曰：初，右渠未破時，朝鮮相歷谿卿以諫右渠不用，東之辰國，時民隨出居者二千餘戶，亦與朝鮮貢蕃不相往來。至王莽地皇時，廉斯鑡為辰韓右渠帥，聞樂浪土地美，人民饒樂，亡欲來降。出其邑落，見田中驅雀男子一人，其語非韓人。問之，男子曰：「我等漢人，名戶來，我等

輩千五百人伐材木，為韓所擊得，皆斷髮為奴，積三年矣。」鑡曰：「我當降漢樂浪，汝欲去不？」戶來曰：「可。」（辰）鑡因將戶來（來）出詣含資縣，縣言郡，郡即以鑡為譯，從芩中乘大船入辰韓，逆取戶來。降伴輩尚得千人，其五百人已死。鑡時曉謂辰韓：「汝還五百人。若不者，樂浪當遣萬兵乘船來擊汝。」辰韓曰：「五百人已死，我當出贖直耳。」乃出辰韓萬五千人，弁韓布萬五千匹，鑡收取直還。郡表鑡功義，賜冠幘、田宅，子孫數世，至安帝延光四年時，故受復除。

　　桓、靈之末，韓濊彊盛，郡縣不能制，民多流入韓國。建安中，公孫康屯有縣以南荒地為帶方郡，遣公孫模、張敞等收集遺民，興兵伐韓濊，舊民稍出，是後倭韓遂屬帶方。景初中，明帝密遣帶方太守劉昕、樂浪太守鮮于嗣越海定二郡，諸韓國臣智加賜邑君印綬，其次與邑長。其俗好衣幘，下戶詣郡朝謁，皆假衣幘，自服印綬衣幘千有餘人。部從事吳林以樂浪本統韓國，分割辰韓八國以與樂浪，吏譯轉有異同，臣智激韓忿，攻帶方郡崎離營。時太守弓遵、樂浪太守劉茂興兵伐之，遵戰死，二郡遂滅。

　　其俗少綱紀，國邑雖有主帥，邑落雜居，不能善相制御。無跪拜之禮。居處作草屋土室，形如冢，其戶在上，舉家共在中，無長幼男女之別。其葬有槨無棺，不知乘牛馬，牛馬盡於送死。以瓔珠為財寶，或以綴衣為飾，或以縣頸垂耳，不以金銀錦繡為珍。其人性彊勇，魁頭露紒，如炅兵，衣布袍，足履革蹻蹋。其國中有所為及官家使築城郭，諸年少勇健者，皆鑿脊皮，以大繩貫之，又以丈許木鍤之，通日嚾呼作力，不以為痛，既以勸作，且以為健。常以五月下種訖，祭鬼神，群聚歌舞，飲酒晝夜無休。其舞，數十人俱起相隨，踏地低昂，手足相應，節奏有似鐸舞。十月農功畢，亦復如之。信鬼神，國邑各立一人主祭天神，名之天君。又諸國各有別邑，名之為蘇塗。立大木，縣鈴鼓，事鬼神。諸亡逃至其中，皆不還之，好作賊。其立蘇塗之義，有似浮屠，而所行善惡有異。其北方近郡諸國差曉禮俗，其遠處直如囚徒奴婢相聚。無他珍寶。禽獸草木略與中國同。出大栗，大如梨。又出細尾雞，其尾皆長五尺餘。其男子時時有文身。又有州胡在馬韓之西海中大島上，其人差短小，言語不與韓同，皆髡頭如鮮卑，但衣韋，好養牛及豬。其衣有上無下，略如裸勢。乘船往來，市買韓中。

辰韓在馬韓之東，其耆老傳世，自言古之亡人避秦役來適韓國，馬韓割其東界地與之。有城柵。其言語不與馬韓同，名國為邦，弓為弧，賊為寇，行酒為行觴。相呼皆為徒，有似秦人，非但燕、齊之名物也。名樂浪人為阿殘；東方人名我為阿，謂樂浪本其殘餘人。今有名之為秦韓者。始有六國，稍分為十二國。

　弁辰亦十二國，又有諸小別邑，各有渠帥，大者名臣智，其次有險側，次有樊濊，次有殺奚，次有邑借。有已柢國、不斯國、弁辰彌離彌凍國、弁辰接塗國、勤耆國、難彌離彌凍國、弁辰古資彌凍國、弁辰古淳是國、冉奚國、弁辰半路國、弁〔辰〕樂奴國、軍彌國（弁軍彌國）、弁辰彌烏邪馬國、如湛國、弁辰甘路國、戶路國、州鮮國（馬延國）、弁辰狗邪國、弁辰走漕馬國、弁辰安邪國（馬延國）、弁辰瀆盧國、斯盧國、優由國。弁、辰韓合二十四國，大國四五千家，小國六七百家，總四五萬戶。其十二國屬辰王。辰王常用馬韓人作之，世世相繼。辰王不得自立為王。〔一〕土地肥美，宜種五穀及稻，曉蠶桑，作縑布，乘駕牛馬。嫁娶禮俗，男女有別。以大鳥羽送死，其意欲使死者飛揚。〔二〕國出鐵，韓、濊、倭皆從取之。諸市買皆用鐵，如中國用錢，又以供給二郡。俗喜歌舞飲酒。有瑟，其形似筑，彈之亦有音曲。兒生，便以石厭其頭，欲其褊。今辰韓人皆褊頭。男女近倭，亦文身。便步戰，兵仗與馬韓同。其俗，行者相逢，皆住讓路。

　〔一〕魏略曰：明其為流移之人，故為馬韓所制。

　〔二〕魏略曰：其國作屋，橫累木為之，有似牢獄也。

　弁辰與辰韓雜居，亦有城郭。衣服居處與辰韓同。言語法俗相似，祠祭鬼神有異，施灶皆在戶西。其瀆盧國與倭接界。十二國亦有王，其人形皆大。衣服絜清，長髮。亦作廣幅細布。法俗特嚴峻。

　倭人在帶方東南大海之中，依山島為國邑。舊百餘國，漢時有朝見者，今使譯所通三十國。從郡至倭，循海岸水行，歷韓國，乍南乍東，到其北岸狗邪韓國，七千餘里，始度一海，千餘里至對馬國。其大官曰卑狗，副曰卑奴母離。所居絕島，方可四百餘里，土地山險，多深林，道路如禽鹿徑。有千餘戶，無良田，食海物自活，乖船南北市糴。又南渡一海千餘

里，名曰瀚海，至一大國，官亦曰卑狗，副曰卑奴母離。方可三百里，多竹木叢林，有三千許家，差有田地，耕田猶不足食，亦南北市糴。又渡一海，千餘里至末盧國，有四千餘戶，濱山海居，草木茂盛，行不見前人。好捕魚鰒，水無深淺，皆沈沒取之。東南陸行五百里，到伊都國，官曰爾支，副曰泄謨觚、柄渠觚。有千餘戶，世有王，皆統屬<u>女王國</u>，郡使往來常所駐。東南至<u>奴國</u>百里，官曰兕馬觚，副曰卑奴母離，有二萬餘戶。東行至<u>不彌國</u>百里，官曰多模，副曰卑奴母離，有千餘家。南至投馬國，水行二十日，官曰彌彌，副曰彌彌那利，可五萬餘戶。南至<u>邪馬壹國</u>，女王之所都，水行十日，陸行一月。官有伊支馬，次曰彌馬升，次曰彌馬獲支，次曰奴佳鞮，可七萬餘戶。自女王國以北，其戶數道里可得略載，其餘旁國遠絕，不可得詳。次有<u>斯馬國</u>，次有已百支國，次有伊邪國，次有都支國，次有彌奴國，次有好古都國，次有<u>不呼國</u>，次有姐奴國，次有<u>對蘇國</u>，次有<u>蘇奴國</u>，次有呼邑國，次有<u>華奴蘇奴國</u>，次有<u>鬼國</u>，次有為<u>吾國</u>，次有<u>鬼奴國</u>，次有邪馬國，次有<u>躬臣國</u>，次有巴利國，次有<u>支惟國</u>，次有烏奴國，次有<u>奴國</u>，此女王境界所盡。其南有<u>狗奴國</u>，男子為王，其官有狗古智卑狗，不屬女王。自郡至<u>女王國</u>萬二千餘里。

男子無大小皆黥面文身。自古以來，其使詣中國，皆自稱大夫。<u>夏后少康</u>之子封於<u>會稽</u>，斷髮文身以避蛟龍之害。今倭水人好沈沒捕魚蛤，文身亦以厭大魚水禽，後稍以為飾。諸國文身各異，或左或右，或大或小，尊卑有差。計其道里，當在會稽、東冶之東。其風俗不淫，男子皆露紒，以木綿招頭。其衣橫幅，但結束相連，略無縫。婦人被髮屈紒，作衣如單被，穿其中央，貫頭衣之。種禾稻、紵麻，蠶桑、緝績，出細紵、縑綿。其地無牛馬虎豹羊鵲。兵用矛、楯、木弓。木弓短下長上，竹箭或鐵鏃或骨鏃，所有無與儋耳、朱崖同。倭地溫暖，冬夏食生菜，皆徒跣。有屋室，父母兄弟臥息異處，以朱丹塗其身體，如中國用粉也。食飲用籩豆，手食。其死，有棺無槨，封土作冢。始死停喪十餘日，當時不食肉，喪主哭泣，他人就歌舞飲酒。已葬，舉家詣水中澡浴，以如練沐。其行來渡海詣中國，恆使一人，不梳頭，不去蟣蝨，衣服垢污，不食肉，不近婦人，如喪人，名之為持衰。若行者吉善，共顧其生口財物；若有疾病，遭暴害，便欲殺

之，謂其持衰不謹。出真珠、青玉。其山有丹，其木有枏、杼、豫樟、楺櫪、投橿、烏號、楓香，其竹篠簳、桃支。有薑、橘、椒、蘘荷，不知以為滋味。有獮猴、黑雉。其俗舉事行來，有所云為，輒灼骨而卜，以占吉凶，先告所卜，其辭如令龜法，視火坼占兆。其會同坐起，父子男女無別，人性嗜酒。〔一〕見大人所敬，但搏手以當跪拜。其人壽考，或百年，或八九十年。其俗，國大人皆四五婦，下戶或二三婦。婦人不淫，不妒忌。不盜竊，少諍訟。其犯法，輕者沒其妻子，重者滅其門戶。及宗族尊卑，各有差序，足相臣服。收租賦。有邸閣國，國有市，交易有無，使大倭監之。自女王國以北，特置一大率，檢察諸國，諸國畏憚之。常治伊都國，於國中有如刺史。王遣使詣京都、帶方郡、諸韓國，及郡使倭國，皆臨津搜露，傳送文書賜遺之物詣女王，不得差錯。下戶與大人相逢道路，逡巡入草。傳辭說事，或蹲或跪，兩手據地，為之恭敬。對應聲曰噫，比如然諾。

〔一〕魏略曰：其俗不知正歲四節，但計春耕秋收為年紀。

　其國本亦以男子為王，住七八十年，倭國亂，相攻伐歷年，乃共立一女子為王，名曰卑彌呼，事鬼道，能惑眾，年已長大，無夫婿，有男弟佐治國。自為王以來，少有見者。以婢千人自侍，唯有男子一人給飲食，傳辭出入。居處宮室樓觀，城柵嚴設，常有人持兵守衛。

　女王國東渡海千餘里，復有國，皆倭種。又有侏儒國在其南，人長三四尺，去女王四千餘里。又有裸國、黑齒國復在其東南，船行一年可至。參問倭地，絕在海中洲島之上，或絕或連，周旋可五千餘里。

　景初二年六月，倭女王遣大夫難升米等詣郡，求詣天子朝獻，太守劉夏遣吏將送詣京都。其年十二月，詔書報倭女王曰：「制詔親魏倭王卑彌呼：帶方太守劉夏遣使送汝大夫難升米、次使都市牛利奉汝所獻男生口四人、女生口六人、班布二匹二丈，以到。汝所在踰遠，乃遣使貢獻，是汝之忠孝，我甚哀汝。今以汝為親魏倭王，假金印紫綬，裝封付帶方太守假授汝。其綏撫種人，勉為孝順。汝來使難升米、牛利涉遠，道路勤勞，今以難升米為率善中郎將，牛利為率善校尉，假銀印青綬，引見勞賜遣還。

今以絳地交龍錦五匹、〔一〕絳地縐粟罽十張、蒨絳五十匹、紺青五十匹，答汝所獻貢直。又特賜汝紺地句文錦三匹、細班華罽五張、白絹五十匹、金八兩、五尺刀二口、銅鏡百枚、真珠、鉛丹各五十斤，皆裝封付難升米、牛利還到錄受。悉可以示汝國中人，使知國家哀汝，故鄭重賜汝好物也。」

〔一〕臣松之以為地應為絺，漢文帝著皂衣謂之弋綈是也。此字不體，非魏朝之失，則傳寫者誤也。

正治元年，太守弓遵遣建中校尉梯雋等奉詔書印綬詣倭國，拜假倭王，并齎詔賜金、帛、錦罽、刀、鏡、采物，倭王因使上表答謝恩詔。其四年，倭王復遣使大夫伊聲耆、掖邪狗等八人，上獻生口、倭錦、絳青縑、綿衣、帛布、丹木、〈犭付狖〉、短弓矢。掖邪狗等壹拜率善中郎將印綬。其六年，詔賜倭難升米黃幢，付郡假授。其八年，太守王頎到官。倭女王卑彌呼與狗奴國男王卑彌弓呼素不和，遣倭載斯、烏越等詣郡說相攻擊狀。遣塞曹掾史張政等因齎詔書、黃幢，拜假難升米為檄告喻之。卑彌呼以死，大作冢，徑百餘步，狥葬者奴婢百餘人。更立男王，國中不服，更相誅殺，當時殺千餘人。復立卑彌呼宗女壹與，年十三為王，國中遂定。政等以檄告喻壹與，壹與遣倭大夫率善中郎將掖邪狗等二十人送政等還，因詣臺，獻上男女生口三十人，貢白珠五千，孔青大句珠二枚，異文雜錦二十匹。

評曰：史、漢著朝鮮、兩越，東京撰錄西羌。魏世匈奴遂衰，更有烏丸、鮮卑，爰及東夷，使譯時通，記述隨事，豈常也哉！〔一〕

〔一〕魏略西戎傳曰：氐人有王，所從來久矣。自漢開益州，置武都郡，排其種人，分竄山谷間，或在福祿，或在汧、隴左右。其種非一，稱槃瓠之後，或號青氐，或號白氐，或號蚺氐，此蓋蟲之類而處中國，人即其服色而名之也。其自相號曰盍稚，各有王侯，多受中國封拜。近去建安中，

興國氐王阿貴、白項氐王千萬各有部落萬餘，至十六年，從馬超為亂。超破之後，阿貴為夏侯淵所攻滅，千萬西南入蜀，其部落不能去，皆降。國家分徙其前後兩端者，置扶風、美陽，今之安夷、撫夷二部護軍所典是也。其〔太〕〔本〕守善，分留天水、南安界，今之（廣平魏郡）〔廣魏郡〕所守是也。其俗，語不與中國同，及羌雜胡同，各自有姓，姓如中國之姓矣。其衣服尚青絳。俗能織布，善田種，畜養豕牛馬驢騾。其婦人嫁時著袥露，其緣飾之制有似羌，袥露有似中國袍。皆編髮。多知中國語，由與中國錯居故也。其自還種落間，則自氐語。其嫁娶有似於羌，此蓋乃昔所謂西戎在于街、冀、獂道者也。今雖都統於郡國，然故自有王侯在其虛落間。又故武都地陰平街左右，亦有萬餘落。貲虜，本匈奴也，匈奴名奴婢為貲。始建武時，匈奴衰，分去其奴婢，亡匿在金城、武威、酒泉北黑水、西河東西，畜牧逐水草，鈔盜涼州，部落稍多，有數萬，不與東部鮮卑同也。其種非一，有大胡，有丁令，或頗有羌雜處，由本亡奴婢故也。當漢、魏之際，其大人有檀柘，死後，其枝大人南近在廣魏、令居界，有禿瑰來數反，為涼州所殺。今有劭提，或降來，或遁去，常為西州道路患也。燉煌西域之南山中，從婼羌西至蔥領數千里，有月氏餘種蔥茈羌、白馬、黃牛羌，各有酋豪，北與諸國接，不知其道里廣狹。傳聞黃牛羌各有種類，孕身六月生，南與白馬羌鄰。西域諸國，漢初開其道，時有三十六，後分為五十餘。從建武以來，更相吞滅，于今有二十道。從燉煌玉門關入西域，前有二道，今有三道。從玉門關西出，經婼羌轉西，越蔥領，經縣度，入大月氏，為南道。從玉門關西出，發都護井，回三隴沙北頭，經居盧倉，從沙西井轉西北，過龍堆，到故樓蘭，轉西詣龜茲，至蔥領，為中道。從玉門關西北出，經橫坑，辟三隴沙及龍堆，出五船北，到車師界戊己校尉所治高昌，轉西與中道合龜茲，為新道。凡西域所出，有前史已具詳，今故略說。南道西行，且志國、小宛國、精絕國、樓蘭國皆并屬鄯善也。戎盧國、扞彌國、渠勒國、（穴山國）〔皮山國〕皆并屬于寘。罽賓國、大夏國、高附國、天竺國皆并屬大月氏。臨兒國，浮屠經云其國王生浮屠。浮屠，太子也。父曰屑頭邪，母云莫邪。浮屠身服色黃，髮青如青絲，乳青毛，蛉赤如銅。始莫邪夢白象而孕，及生，從母左脅出，生而有結，墮地

能行七步。此國在天竺城中。天竺又有神人，名沙律。昔漢哀帝元壽元年，博士弟子景盧受大月氏王使伊存口受浮屠經曰復立者其人也。浮屠所載臨蒲塞、桑門、伯聞、疏問、白疏閒、比丘、晨門，皆弟子號也。浮屠所載與中國老子經相出入，蓋以為老子西出關，過西域之天竺、教胡。浮屠屬弟子別號，合有二十九，不能詳載，故略之如此。車離國一名禮惟特，一名沛隸王，在天竺東南三千餘里，其地卑溼暑熱。其王治沙奇城，有別城數十，人民怯弱，月氏、天竺擊服之。其地東西南北數千里，人民男女皆長一丈八尺，乘象、橐駝以戰，今月氏役稅之。盤越國一名漢越王，在天竺東南數千里，與益部相近，其人小與中國人等，蜀人賈似至焉。南道而西極轉東南盡矣。中道西行尉梨國、危須國、山王國皆并屬焉耆，姑墨國、溫宿國、尉頭國皆并屬龜茲也。楨中國、莎車國、竭石國、渠沙國、西夜國、依耐國、滿犂國、億若國、榆令國、損毒國、休脩國、琴國皆并屬疏勒。自是以西，大宛、安息、條支、烏弋。烏弋一名排特，此四國次在西，本國也，無增損。前世謬以為條支在大秦西，今其實在東。前世又謬以為彊於安息，今更役屬之，號為安息西界。前世又謬以為弱水在條支西，今弱水在大秦西。前世又謬以為從條支西行二百餘日，近日所入，今從大秦西近日所入。大秦國一號犂軒，在安息、條支西大海之西，從安息界安谷城乘船，直截海西，遇風利二月到，風遲或一歲，無風或三歲。其國在海西，故俗謂之海西。有河出其國，西又有大海。海西有遲散城，從國下直北至烏丹城，西南又渡一河，乘船一日乃過。西南又渡一河，一日乃過。凡有大都三，卻從安谷城陸道直北行之海北，復直西行之海西，復直南行經之烏遲散城，渡一河，乘船一日乃過。周迴繞海，凡當渡大海六日乃到其國。國有小城邑合四百餘，東西南北數千里。其王治濱側河海，以石為城郭。其土地有松、柏、槐、梓、竹、葦、楊柳、梧桐、百草。民俗，田種五穀，畜乘有馬、騾、驢、駱駝。桑蠶。俗多奇幻，口中出火，自縛自解，跳十二丸巧妙。其國無常主，國中有災異，輒更立賢人以為王，而生放其故王，王亦不敢怨。其俗人長大平正，似中國人而胡服。自云本中國一別也，常欲通使於中國，而安息圖其利，不能得過。其俗能胡書。其制度，公私宮室為重屋，旌旗擊鼓，白蓋小車，郵驛亭置如中國。從安息繞海北

到其國，人民相屬，十里一亭，三十里一置，終無盜賊。但有猛虎、獅子為害，行道不群則不得過。其國置小王數十，其王所治城周回百餘里，有官曹文書。王有五宮，一宮間相去十里，其王平旦之一宮聽事，至日暮一宿，明日復至一宮，五日一周。置三十六將，每議事，一將不至則不議也。王出行，常使從人持一韋囊自隨，有白言者，受其辭投囊中，還宮乃省為決理。以水晶作宮柱及器物。作弓矢。其別枝封小國，曰澤散王，曰驢分王，曰且蘭王，曰賢督王，曰汜復王，曰于羅王，其餘小王國甚多，不能一一詳之也。國出細絺。作金銀錢，金錢一當銀錢十。有織成細布，言用水羊毳，名曰海西布。此國六畜皆出水，或云非獨用羊毛也，亦用木皮或野繭絲作，織成氍毹、毾〈登毛〉、罽帳之屬皆好，其色又鮮于海東諸國所作也。又常利得中國絲，解以為胡綾，故數與安息諸國交市於海中。海水苦不可食，故往來者希到其國中。山出九色次玉石，一曰青，二曰赤，三曰黃，四曰白，五曰黑，六曰綠，七曰紫，八曰紅，九曰紺。今伊吾山中有九色石，即其類。陽嘉三年時，疏勒王臣槃獻海西青石、金帶各一。又今西域舊圖云罽賓、條支諸國出琦石，即次玉石也。大秦多金、銀、銅、鐵、鉛、錫、神龜、白馬、朱髦、駮雞犀、玳瑁、玄熊、赤螭、辟毒鼠、大貝、車渠、瑪瑙、南金、翠爵、羽翮、象牙、符采玉、明月珠、夜光珠、真白珠、虎珀、珊瑚、赤白黑綠黃青紺縹紅紫十種流離、璆琳、琅玕、水精、玫瑰、雄黃、雌黃、碧、五色玉、黃白黑綠紫紅絳紺金黃縹留黃十種氍毹、五色毾〈登毛〉、五色九色首下毾〈登毛〉、金縷繡、雜色綾、金塗布、緋持布、發陸布、緋持渠布、火浣布、阿羅得布、巴則布、度代布、溫宿布、五色桃布、絳地金織帳、五色斗帳、一微木、二蘇合、狄提、迷迷、兜納、白附子、薰陸、鬱金、芸膠、薰草木十二種香。大秦道既從海北陸通，又循海而南，與交趾七郡外夷比，又有水道通益州、永昌、故永昌出異物。前世但論有水道，不知有陸道，今其略如此，其民人戶數不能備詳也。自蔥領西，此國最大，置諸小王甚多，故錄其屬大者矣。澤散王屬大秦，其治在海中央，北至驢分，水行半歲，風疾時一月到，最與安息安谷城相近，西南詣大秦都不知里數。驢分王屬大秦，其治去大秦都二千里。從驢分城西之大秦渡海，飛橋長二百三十里，渡海道西南行，繞海直西行。且蘭王屬大秦。從思陶國

直南渡河，乃直西行之且蘭三千里。道出河南，乃西行，從且蘭復直西行之氾復國六百里。南道會氾復，乃西南之賢督國。且蘭、氾復直南，乃有積石，積石南乃有大海，出珊瑚，真珠。且蘭、氾復、斯賓阿蠻北有一山，東西行。大秦、海西東各有一山，皆南北行。賢督王屬大秦，其治東北去氾復六百里。氾復王屬大秦，其治東北去于羅三百四十里渡海也。于羅屬大秦，其治在氾復東北，渡河，從于羅東北又渡河，斯羅東北又渡河。斯羅國屬安息，與大秦接也。大秦西有海水，海水西有河水，河水西南北行有大山，西有赤水，赤水西有白王山，白玉山有西王母，西王母西有脩流沙，流沙西有大夏國、堅沙國、屬繇國、月氏國、四國西有黑水，所傳聞西之極矣。北新道西行，至東且彌國、西且彌國、單桓國、畢陸國、蒲陸國、烏貪國，皆并屬車師後部王。王治于賴城，魏賜其王壹多雜守魏侍中，號大都尉，受魏王印。轉西北則烏孫、康居，本國無增損也。北烏伊別國在康居北，又有柳國，又有巖國，又有奄蔡國一名阿蘭，皆與康居同俗。西與大秦東南與康居接。其國多名貂，畜牧逐水草，臨大澤，故時羈屬康居，今不屬也。呼得國在蔥嶺北，烏孫西北，康居東北，勝兵萬餘人，隨畜牧，出好馬，有貂。堅昆國在康居西北，勝兵三萬人，隨畜牧，亦多貂，有好馬。丁令國在康居北，勝兵六萬人，隨畜牧，出名鼠皮，白昆子、青昆子皮。此上三國，堅昆中央，俱去匈奴單于庭安習水七千里，南去車師六國五千里，西南去康居界三千里，西去康居王治八千里。或以為此丁令即匈奴北丁令也，而北丁令在烏孫西，似其種別也。又匈奴北有渾窳國，有屈射國，有丁令國，有隔昆國，有新梨國，明北海之南自復有丁令，非此烏孫之西丁令也。烏孫長老言北丁令有馬脛國，其人音聲似雁鶩，從膝以上身頭，人也，膝以下生毛，馬脛馬蹄，不騎馬而走疾馬，其為人勇健敢戰也。短人國在康居西北，男女皆長三尺，人衆甚多，去奄蔡諸國甚遠。康居長老傳聞常有商度此國，去康居可萬餘里。魚豢議曰：俗以為營廷之魚不知江海之大，浮游之物不知四時之氣，是何也？以其所在者小與其生之短也。余今氾覽外夷大秦諸國，猶尚曠若發蒙矣，況夫鄒衍之所推出，大易、太玄之所測度乎！徒限處牛蹄之涔，又無彭祖之年，無緣託景風以迅游，載驥裹以遐觀，但勞眺乎三辰，而飛思乎八荒耳。

この文章の要点を説明しながら訳してみます。「蠻夷猾夏」(mán yí hua xia) は漢語成語で、意味は少数民族が中央平原に侵入する。

　「玁狁孔熾」は中国の古代北方少数民族、其の訳は《詩・小雅・采薇》(「靡室靡家」も漢語成語です) と玁狁 (中国の古代民族、毛傳：玁狁は北狄也) です。矣は意味が無く前の文章を強調する飾り文字です。

　匈奴は古代蒙古高原の游牧民族です。現代の內蒙古陰山山麓で紀元前215年に現れます。

　秦から漢に変わると匈奴が大きな力をつけ南下して次々と占領していきます。西漢政権には大いに脅威です。そして西部一帯を占領しました。

　漢武帝が前期に存在し、匈奴は漢軍を撃敗し破る、漠南から退出です。記元前119年の漠北の戦い、霍 (霍氏族人) は病で亡くなる。「封狼は胥山に居る、姑衍 (蒙古 大漠 以北) で禪に於いて臨翰海 (現代の貝加爾湖) に登る。漢武帝晩年のことです。匈奴の攻撃で漢軍は敗れます。重ねて新しく漠北を掌握したと訴える。漢宣帝の時代のことです。匈奴は分裂します、五つに分かれ自立する。紀元前53年、南匈奴首領呼韓邪 (呼韓邪單于 [？～前31年] 攀鞮氏, 名は侯姍。虛閭權渠單于 [匈奴の首領の名称] の子) は西漢に民衆を率いて投降する。紀元前36年、西漢は北匈奴郅支單于を誅滅する。東漢の時代のこと、匈奴は南と北に再び次の分裂を為す。記元48年、南匈奴首領醯落は亡くなり、民衆は光武帝劉秀に投降し、再び黃河套地区に定住する。而に北匈奴は気に入らず還る。紀元87年、鮮卑が北匈奴を倒します。漠北で又、蝗虫が大發生する。北匈奴はまた新たな戦いを始めます。紀元89年、竇憲 (？～92年) 別名伯度、扶風郡平陵県 (現在の陝西省咸陽市) の人) 北匈奴を破る、北匈奴は西に還る。五胡十六国時代の前に趙政権が南匈奴を建立する。胡夏政権は匈奴と古い匈奴に依って設立します。

　匈奴干擾了當時的中國,《史記》《漢書》均有記載。近代西方歷史學家一般認為中原以北的匈奴人, 是一些喜歡以馬征戰與結盟的游牧民族。

　ここまで匈奴の説明です。

孝武でも外りの四夷、東は平定兩越、朝鮮、西は討伐貳師、大宛、開く邛（四川省）莋、夜郎之道，然に皆、外では古衣、中国の重要な事が出来ない。而匈奴に最も影響を与えたのは諸夏で即ち周朝時代の華夏です。胡が騎馬で南に侵入する則、三面から敵の攻撃を受ける、是を以って繰り返す、霍これ將軍、深入北伐に深く入る。首領を繼続して追いつめる、其の饒衍の地を奪う。後の国境警備隊です、世の中は以って衰弱する。建安中、呼廚泉は南の首領で入朝する、遂に宦官（太監・奴）が留る、遊仙王府を作る其の国、而に匈奴と規定する、漢は古すぎる。然に烏丸、鮮卑は更に強い、亦し漢末の亂は止むをえぬ、中国は色々と忙しい、言うまでも無く外を討つ、故に上手く（漢）〔漠〕南の地を得る、都市に侵入して、殺略人民、まだ北に閉じ込められている。

　會袁紹兼河北，乃撫有三郡烏丸，寵其名王而收其精騎。其後尚、熙又逃于蹋頓。蹋頓又驍武，邊長老皆比之冒頓，恃其阻遠，敢受亡命，以雄百蠻。

　太祖は秘密の兵で北伐し、不意に現れる、一戰而るに之を定める、夷狄を恐れ指す、衝撃を与える。遂に引く烏丸の地、征討で民衆は服従する、而に辺境の老百姓は安息を得る。後に鮮卑の王侯貴族軻比能群狄の復活を目論む、匈奴故故の地に全て集める、自から雲中郡に、五原以って東の遼水に抵触する、皆為す鮮卑の庭。国境を越えた隠れた犯罪を塞ぐ、幽、并之苦しむ。馬城（灤南縣東北角）之田豫の砦、畢軌（〔？～249年〕別名昭先、東平〔治今山東省泰安市東平県東〕の人、三国時代曹魏大臣）は北を通過途中で敗れる。青龍中、帝再度王雄から聽く、劍客を遣わし之を刺す。然に後ち集落は離散、互いに相い侵し征伐した、兵者は遠方に遁走、弱者は服従を請う。境界の差は安全です、（漢）〔漠〕南は事件が少ない、嘘や盗み煩雑だ、互いに扇動するな矣。烏丸、鮮卑即東胡の者也。其の風俗、以前、撰漢の記者自ら記録し撰び而に記載する矣。漢末の魏の学んだことを初めから載せる、以って四夷の変な伝えを云う。

　漢末に、東漢末年の遼西烏丸の大人丘力居（中山の張純刺史は漢王朝東部、九攸、許攸、智に反抗し、数人の役人と人々を殺害する）、中山太守張純は

東漢に反叛して勝つ、青、徐、幽、冀四州の侵略と略奪，殺略吏民。民
衆五千人餘り命を落す、<u>上谷烏丸大人難樓</u>（東漢靈帝(167〜189年在位)初、
上谷烏桓の人）、統率民衆九千餘部落、自稱王，而に<u>蘇僕延</u>（？〜207年）<u>遼東</u>
<u>属国烏丸</u>の人、民衆千餘部落，自稱<u>峭王</u>，<u>烏延</u>東漢末右北平（現代の河北豐潤
東南）烏丸卿、民衆八百餘部落、自稱<u>汗魯王</u>，皆戰略や勇気はある。<u>中</u>
<u>山太守張純</u>は反逆者で民衆を殺害する、自から号を天安定王と、三郡烏
丸元帥と為す、<u>青</u>、<u>徐</u>、<u>幽</u>、<u>冀</u>四州の侵略と略奪、殺略吏民。靈帝末の
ころ、以って<u>劉虞</u>（？〜193年、別名伯安、東漢宗室大臣、政治家，東海郡郯県
［現代の山東省郯城県］の人）<u>幽州牧</u>（古代の九州の長を為す"群れ"：人々を管理
する意味）と為す、<u>胡</u>は斬られ<u>純</u>は断首、北州再び平定。後に<u>丘力居</u>は
死ぬ、子の<u>樓班</u>はまだ小さい、息子<u>蹋頓</u>は武道が有る。代りに立つ、三
国時代の王、民衆は皆其の教令従う。<u>袁紹</u>と<u>公孫瓚</u>の連戦は決着が衝か
ない、<u>蹋頓</u>は使者を遣わし<u>袁紹</u>に和親を求める。袁紹は公孫瓚を撃つ、
之を破る。<u>蹋頓</u>から<u>袁紹</u>は君命を受ける、（難）<u>峭王</u>、<u>汗魯王</u>から印を
綬ずかる、皆以って首領を為す。

　<u>樓班</u>（？〜207年、東漢末の年幽州遼西（現代の寧義の人）は年は上の後、
<u>峭王</u>率いる其の一部の民衆が首領の<u>樓班</u>に奉じる、<u>蹋頓</u>は王に為る。然
るに<u>蹋頓</u>は多く計画する。<u>陽閻柔</u>と呼ぶ、烏丸は依り少なく、<u>鮮卑</u>は
中、為す、其の親切を信じる。何故なら再び<u>鮮卑</u>の衆が、烏丸校尉邢擧
に代り<u>閻柔</u>（年齢不詳、燕国廣陽（現代の北京市附近）の人、三国時代曹魏の名
將）を殺す、<u>袁紹</u>は優雅で快適に北で慰められる。後に<u>袁尚</u>は<u>蹋頓</u>に敗
奔走、では其の勢は、冀州の境界を復旧する。<u>太祖</u>は平河北を平定し會
う、<u>閻柔</u>の帥は<u>鮮卑</u>、烏丸添付、なぜなら遂に<u>閻柔</u>は校尉に為る、漢の
使節まだ待つ、古い<u>廣甯</u>を治める。建安十一年、<u>太祖</u>は自から柳城の<u>蹋</u>
<u>頓</u>を征服、ずるく密かに進軍、未知の百餘里に至る、捕虜再び覚える。
<u>凡城</u>に於いて<u>尚</u>と<u>蹋頓</u>將衆と対決、兵馬とも血気応盛。<u>太祖</u>望覧捕虜の
<u>陳武正</u>、（柳）〔抑〕軍は進まず、少し動く、再び其の衆を撃破、<u>陳</u>が
斬る<u>蹋頓</u>の首、死者は野を蔽う。<u>速附丸</u>、<u>樓班</u>、<u>烏延</u>等遼東に走る、<u>遼</u>
<u>東</u>で殺戮、傳送其首。其餘り遣わす皆降伏。及び<u>幽州</u>、并州柔所統逸烏

丸萬餘の集落、悉に徙其の族居る中國、帥は從う其の侯王大人種の衆を征伐する。由是三郡烏丸天下の名騎と為す。

　巻30　烏丸鮮卑東夷伝を全て翻訳すれば良いのですが、何文、貧しい知識の翻訳では誤解を招きかねません。

　ここで解ることは俾弥呼（文瓶姜）は倭（日本）を建国したかけがえのない人であることです。三国志は、２世紀の倭をこれだけ詳しく残してくれた国書といっても可笑しくない大切な書であることも解って頂いたと思います。各地の風土記もその時代の景色を後世の人に解ってもらいたい、其の気持ちが伝わってきます。

あとがき

　清水先生に偶然近くで出会って「先生、お茶でも」とお誘いし、喫茶店に入りますと先生の話は面白く楽しい。ですがこのときはまさか歴史に関心のない私が歴史の本を書くとは思いませんでした。先生と別れて帰り道に杉谷の奥さんに会いましたら出雲の出身で『出雲国風土記』を頂きましたが興味が無く読みません。裏表紙に地図入りの袋があってこれは見ました。先ず出雲大社が見当たらず杵築神社と成って熊野神社も有ります、地図を見ながら読む風土記の面白いこと、播磨国風土記と加古・高砂の地図を買って気が付いたら「播磨物語」を出版していました。

　しかし、中国の古代文書で書かれた書物なのに俾弥呼の話を日本の資料で解釈しているので新たに調べ直しました。先ず「鬼道」を広辞苑で調べると中国仏教と書いてあるので中国から「仏教辞典」を購入しますと普通の仏教です。「百度百科」で調べると匈奴を破った鮮卑の壇石塊か国を治める為に使ったと書いています。直ぐに「鮮卑帝国」と北方民族の本を購入します。他に「三国志」「史記」「漢書」「後漢書」四史を揃えて「現代漢語辞詩」と古代、成語、古代字典を購入し「三国演義」も買いました。ここから終わりまでまで亞馬孫、百度百科の協力を得ました。感謝と御礼を伝えたいと思います、百度百科は倭の項を繁体文字に変更していただきました。

「三国志」こそ俾弥呼が日本で成し遂げた国づくりを陳寿に話したものです。其れも私はこの国のほんとの王で無い、仲哀天皇行幸のあとに僅か空白が出来て俾弥呼が埋めます。伏せられた四人の名前は解ったので

すが、俾弥呼がこの国の建国者とは驚きました。では何故日本に史料を
残さなかったのか？　この国では後世に伝わらないと考えたからです。
あとは全て陳寿に委ねたのです。三国志を読めば解ります。

　そこで願わくばですが、早津江川汐止吉野里、嬉野立伝寺、別府、福
岡、山口下関、出雲、播磨、住之江、巻向磯城、玉状、鳥羽、東京、他
のゆかりの地に俾弥呼の像があればと思います。俾弥呼の像はこの国を
護ってくれるでしょう。

［著者］

山田 勝（やまだ・まさる）

英国から基軸通貨が米国に変更した1939年生まれ。神戸市東
灘区で管工事業、三東工業株式会社を経営する。会社を閉じ
た後にふとしたきっかけで播磨風土記を題材にした播磨物語
を出版する。播磨風土記編纂1300年の節目の年でした。卑弥
呼の御子は息長帯媛後の神宮皇后です。
卑弥呼の話に違和感を覚え、新たに一から調べ直しました。
著書に『奴国王卑弥呼』『ふたりの卑弥呼』（ともに東洋出版）
がある。

卑弥弓呼と俾弥呼
（ひみhere こ こ ひみこ）

発行日　　2021 年 11 月 18 日　第 1 刷発行

著者　　　山田 勝（やまだ・まさる）

発行者　　田辺修三
発行所　　東洋出版株式会社
　　　　　〒 112-0014　東京都文京区関口 1-23-6
　　　　　電話　03-5261-1004（代）　振替　00110-2-175030
　　　　　http://www.toyo-shuppan.com/

印刷・製本　日本ハイコム株式会社

ISO14001 取得工場で印刷しました